全国普法学习读本
★ ★ ★ ★ ★

U0453677

农业综合法律法规学习读本

农业发展法律法规

李 勇 主编

汕头大学出版社

图书在版编目（CIP）数据

农业发展法律法规/李勇主编. -- 汕头：汕头大学出版社（2021.7重印）

（农业综合法律法规学习读本）

ISBN 978-7-5658-3674-9

Ⅰ.①农… Ⅱ.①李… Ⅲ.①农业发展-农业法-基本知识-中国 Ⅳ.①D922.44

中国版本图书馆 CIP 数据核字（2018）第 143159 号

农业发展法律法规　　　　NONGYE FAZHAN FALÜ FAGUI

主　　编：李　勇

责任编辑：邹　峰

责任技编：黄东生

封面设计：大华文苑

出版发行：汕头大学出版社

　　　　　广东省汕头市大学路 243 号汕头大学校园内　　邮政编码：515063

电　　话：0754-82904613

印　　刷：三河市南阳印刷有限公司

开　　本：690mm×960mm 1/16

印　　张：18

字　　数：226 千字

版　　次：2018 年 7 月第 1 版

印　　次：2021 年 7 月第 2 次印刷

定　　价：59.60 元（全 2 册）

ISBN 978-7-5658-3674-9

前　言

习近平总书记指出："推进全民守法，必须着力增强全民法治观念。要坚持把全民普法和守法作为依法治国的长期基础性工作，采取有力措施加强法制宣传教育。要坚持法治教育从娃娃抓起，把法治教育纳入国民教育体系和精神文明创建内容，由易到难、循序渐进不断增强青少年的规则意识。要健全公民和组织守法信用记录，完善守法诚信褒奖机制和违法失信行为惩戒机制，形成守法光荣、违法可耻的社会氛围，使遵法守法成为全体人民共同追求和自觉行动。"

中共中央、国务院曾经转发了中央宣传部、司法部关于在公民中开展法治宣传教育的规划，并发出通知，要求各地区各部门结合实际认真贯彻执行。通知指出，全民普法和守法是依法治国的长期基础性工作。深入开展法治宣传教育，是全面建成小康社会和新农村的重要保障。

普法规划指出：各地区各部门要根据实际需要，从不同群体的特点出发，因地制宜开展有特色的法治宣传教育坚持集中法治宣传教育与经常性法治宣传教育相结合，深化法律进机关、进乡村、进社区、进学校、进企业、进单位的"法律六进"主题活动，完善工作标准，建立长效机制。

特别是农业、农村和农民问题，始终是关系党和人民事业发展的全局性和根本性问题。党中央、国务院发布的《关于推进社会主义新农村建设的若干意见》中明确提出要"加强农村法制建设，深入开展农村普法教育，增强农民的法制观念，提高农民依法行使权利和履行义务的自觉性。"多年普法实践证明，普及法律知识，提高法制观念，增强全社会依法办事意识具有重要作用。特别是在广大农村进行普法教育，是提高全民法律素质的需要。

多年来，我国在农村实行的改革开放取得了极大成功，农村发生了翻天覆地的变化，广大农民生活水平大大得到了提高。但是，由于历史和社会等原因，现阶段我国一些地区农民文化素质还不高，不学法、不懂法、不守法现象虽然较原来有所改变，但仍有相当一部分群众的法制观念仍很淡化，不懂、不愿借助法律来保护自身权益，这就极易受到不法的侵害，或极易进行违法犯罪活动，严重阻碍了全面建成小康社会和新农村步伐。

为此，根据党和政府的指示精神以及普法规划，特别是根据广大农村农民的现状，在有关部门和专家的指导下，特别编辑了这套《全国普法学习读本》。主要包括了广大人民群众应知应懂、实际实用的法律法规。为了辅导学习，附录还收入了相应法律法规的条例准则、实施细则、解读解答、案例分析等；同时为了突出法律法规的实际实用特点，兼顾地方性和特殊性，附录还收入了部分某些地方性法律法规以及非法律法规的政策文件、管理制度、应用表格等内容，拓展了本书的知识范围，使法律法规更"接地气"，便于读者学习掌握和实际应用。

在众多法律法规中，我们通过甄别，淘汰了废止的，精选了最新的、权威的和全面的。但有部分法律法规有些条款不适应当下情况了，却没有颁布新的，我们又不能擅自改动，只得保留原有条款，但附录却有相应的补充修改意见或通知等。众多法律法规根据不同内容和受众特点，经过归类组合，优化配套。整套普法读本非常全面系统，具有很强的学习性、实用性和指导性，非常适合用于广大农村和城乡普法学习教育与实践指导。总之，是全国全民普法的良好读本。

目　　录

农业发展政策规划

农村改革试验区工作运行管理办法

农业发展政策规划

关于加快构建政策体系培育
新型农业经营主体的意见

（摘自中华人民共和国中央人民政府网站）

新华社北京 2017 年 5 月 31 日电　近日，中共中央办公厅、国务院办公厅印发了《关于加快构建政策体系培育新型农业经营主体的意见》，并发出通知，要求各地区各部门结合实际认真贯彻落实。

《关于加快构建政策体系培育新型农业经营主体的意见》全文如下。

在坚持家庭承包经营基础上，培育从事农业生产和服务的新型农业经营主体是关系我国农业现代化的重大战略。加快培育新型农业经营主体，加快形成以农户家庭经营为基础、合作与联合为纽带、社会化服务为支撑的立体式复合型现代农业经营体系，对于推进农业供给侧结构性改革、引领农业适度规模经营发展、带动农民就业增收、增强农业农村发展新动能具有十分重要的意义。为加快构建政策体系，引导新型农业经营主体健康发展，现提出如下意见。

一、总体要求

（一）指导思想。全面贯彻党的十八大和十八届三中、四中、五中、六中全会精神，深入贯彻习近平总书记系列重要讲话精神和治国理政新理念新思想新战略，认真落实党中央、国务院决策部署，紧紧围绕统筹推进"五位一体"总体布局和协调推进"四个全面"战略布局，牢固树立和贯彻落实新发展理念，围绕帮助农民、提高农民、富裕农民，加快培育新型农业经营主体，综合运用多种政策工具，与农业产业政策结合、与脱贫攻坚政策结合，形成比较完备的政策扶持体系，引导新型农业经营主体提升规模经营水平、完善利益分享机制，更好发挥带动农民进入市场、增加收入、建设现代农业的引领作用。

（二）基本原则

——坚持基本制度。坚持农村土地集体所有，坚持家庭经营基础性地位。既支持新型农业经营主体发展，又不忽视普通农户尤其是贫困农户，发挥新型农业经营主体对普通农户的辐射带动作用，推进家庭经营、集体经营、合作经营、企业经营共同发展。

——坚持市场导向。发挥市场在资源配置中的决定性作用和更好发挥政府作用。运用市场的办法推进生产要素向新型农业经营主体优化配置，发挥政策引导作用，优化存量、倾斜增量，撬动更多社会资本投向农业，既扶优扶强、又不"垒大户"，既积极支持、又不搞"大呼隆"，为新型农业经营主体发展创造公平的市场环境。

——坚持因地制宜。充分发挥农民首创精神，鼓励各地积极探索，不断创新经营组织形式，不断创设扶持政策措施，重点支持新型农业经营主体发展绿色农业、生态农业、循环农业，率先实施标准化生产、品牌化营销、一二三产业融合，走产出高效、产品安全、资源节约、环境友好的发展道路。

——坚持落地见效。明确政策实施主体，健全政策执行评估机制，发挥政府督查和社会舆论监督作用，形成齐抓共促合力，确保政策措施落到实处。

（三）主要目标。到 2020 年，基本形成与世界贸易组织规则相衔接、与国家财力增长相适应的投入稳定增长机制和政策落实与绩效评估机制，构建框架完整、措施精准、机制有效的政策支持体系，不断提升新型农业经营主体适应市场能力和带动农民增收致富能力，进一步提高农业质量效益，促进现代农业发展。

二、发挥政策对新型农业经营主体发展的引导作用

（四）引导新型农业经营主体多元融合发展。支持发展规模适度的农户家庭农场和种养大户。鼓励农民以土地、林权、资金、劳动、技术、产品为纽带，开展多种形式的合作与联合，积极发展生产、供销、信用"三位一体"综合合作，依法组建农民合作社联合社。支持农业产业化龙头企业和农民合作社开展农产品加工流通和社会化服务，带动农户发展规模经营。培育多元化农业服务主体，探索建立农技指导、信用评价、保险推广、产品营销于一体的公益性、综合性农业公共服务组织。大力发展农机作业、统防统治、集中育秧、加工储存等生产性服务组织。发挥供销、农垦等系统的优势，强化为农民服务。促进各类新型农业经营主

体融合发展，培育和发展农业产业化联合体，鼓励建立产业协会和产业联盟。

（五）引导新型农业经营主体多路径提升规模经营水平。鼓励农民按照依法自愿有偿原则，通过流转土地经营权，提升土地适度规模经营水平。支持新型农业经营主体带动普通农户连片种植、规模饲养，并提供专业服务和生产托管等全程化服务，提升农业服务规模水平。引导新型农业经营主体集群集聚发展，参与粮食生产功能区、重要农产品生产保护区、特色农产品优势区以及现代农业产业园、农业科技园、农业产业化示范基地等建设，促进农业专业化布局、规模化生产。支持新型农业经营主体建设形成一批一村一品、一县一业等特色优势产业和乡村旅游基地，提高产业整体规模效益。

（六）引导新型农业经营主体多模式完善利益分享机制。引导和支持新型农业经营主体发展新产业新业态，扩大就业容量，吸纳农户脱贫致富。总结土地经营权入股农业产业化经营试点经验，推广"保底收益+按股分红"等模式。进一步完善订单带动、利润返还、股份合作等新型农业经营主体与农户的利益联结机制，让农民成为现代农业发展的参与者、受益者，防止被挤出、受损害。支持龙头企业与农户共同设立风险保障金。探索建立政府扶持资金既帮助新型农业经营主体提升竞争力，又增强其带动农户发展能力，让更多农户分享政策红利的有效机制。鼓励地方将新型农业经营主体带动农户数量和成效作为相关财政支农资金和项目审批、验收的重要参考依据。允许将财政资金特别是扶贫资金量化到农村集体经济组织和农户后，以自愿入股方式投入新型农业经营主体，让农户共享发展收益。

（七）引导新型农业经营主体多形式提高发展质量。鼓励农户家庭农场使用规范的生产记录和财务收支记录，提升标准化生产和经营管理水平。引导农民合作社依照章程加强民主管理、民主监督，发挥成员积极性，共同办好合作社。鼓励龙头企业通过兼并重组，建立现代企业制度，加大科技创新，优化产品结构，强化品牌建设，提升农产品质量安全水平和市场竞争力。鼓励各类社会化服务组织按照生产作业标准或服务标准，提高服务质量水平。深入推进示范家庭农场、农民合作社示范社、农业产业化示范基地、农业示范服务组织、一村一品示范村镇创建，发挥示范带动作用。

三、建立健全支持新型农业经营主体发展政策体系

（八）完善财政税收政策。加大新型农业经营主体发展支持力度，针对不同主体，综合采用直接补贴、政府购买服务、定向委托、以奖代补等方式，增强补贴政策的针对性实效性。农机具购置补贴等政策要向新型农业经营主体倾斜。支持新型农业经营主体发展加工流通、直供直销、休闲农业等，实现农村一二三产业融合发展。扩大政府购买农业公益性服务机制创新试点，支持符合条件的经营性服务组织开展公益性服务，建立健全规范程序和监督管理机制。鼓励有条件的地方通过政府购买服务，支持社会化服务组织开展农林牧渔和水利等生产性服务。支持新型农业经营主体打造服务平台，为周边农户提供公共服务。鼓励龙头企业加大研发投入，支持符合条件的龙头企业创建农业高新技术企业。支持地方扩大农产品加工企业进项税额核定扣除试点行业范围，完善农产品初加工所得税优惠目录。落实农民合作社税收优惠政策。

（九）加强基础设施建设。各级财政支持的各类小型项目，优先安排农村集体经济组织、农民合作组织等作为建设管护主体，强化农民参与和全程监督。鼓励推广政府和社会资本合作模式，支持新型农业经营主体和工商资本投资土地整治和高标准农田建设。鼓励新型农业经营主体合建或与农村集体经济组织共建仓储烘干、晾晒场、保鲜库、农机库棚等农业设施。支持龙头企业建立与加工能力相配套的原料基地。统筹规划建设农村物流设施，重点支持一村一品示范村镇和农民合作社示范社建设电商平台基础设施，逐步带动形成以县、乡、村、社为支撑的农村物流网络体系。新型农业经营主体所用生产设施、附属设施和配套设施用地，符合国家有关规定的，按农用地管理。各县（市、区、旗）根据实际情况，在年度建设用地指标中优先安排新型农业经营主体建设配套辅助设施，并按规定减免相关税费。对新型农业经营主体发展较快、用地集约且需求大的地区，适度增加年度新增建设用地指标。通过城乡建设用地增减挂钩节余的用地指标，优先支持新型农业经营主体开展生产经营。允许新型农业经营主体依法依规盘活现有农村集体建设用地发展新产业。新型农业经营主体发展农产品初加工用电执行农业生产电价。推进农业水价综合改革，建立农业用水精准补贴机制和节水奖励机制，在完善水价形成机制的基础上，对符合条件的新型农业经营主体给予奖补。

（十）改善金融信贷服务。综合运用税收、奖补等政策，鼓励金融机构创新产品和服务，加大对新型农业经营主体、农村产业融合发展的信贷支持。建立健全全国农业信贷担保体系，确保对从事粮食生产和农业适度规模经营的新型农业经营主体的农业信贷担保余额不得低于总担保规模的70%。支持龙头企业为其带动的农户、家庭农场和农民合作社提供贷款担保。有条件的地方可建立市场化林权收储机构，为林业生产贷款提供林权收储担保的机构给予风险补偿。稳步推进农村承包土地经营权和农民住房财产权抵押贷款试点，探索开展粮食生产规模经营主体营销贷款和大型农机具融资租赁试点，积极推动厂房、生产大棚、渔船、大型农机具、农田水利设施产权抵押贷款和生产订单、农业保单融资。鼓励发展新型农村合作金融，稳步扩大农民合作社内部信用合作试点。建立新型农业经营主体生产经营直报系统，点对点对接信贷、保险和补贴等服务，探索建立新型农业经营主体信用评价体系，对符合条件的灵活确定贷款期限，简化审批流程，对正常生产经营、信用等级高的可以实行贷款优先等措施。积极引导互联网金融、产业资本依法依规开展农村金融服务。

（十一）扩大保险支持范围。鼓励地方建立政府相关部门与农业保险机构数据共享机制。在粮食主产省开展适度规模经营农户大灾保险试点，调整部分财政救灾资金予以支持，提高保险覆盖面和理赔标准。落实农业保险保额覆盖直接物化成本，创新"基本险+附加险"产品，实现主要粮食作物保障水平涵盖地租成本和劳动力成本。推广农房、农机具、设施农业、渔业、制种保险等业务。积极开展天气指数保险、农产品价格和收入保险、"保险+期货"、农田水利设施保险、贷款保证保险等试点。研究出台对地方特色优势农产品保险的中央财政以奖代补政策。逐步建立专业化农业保险机构队伍，提高保险机构为农服务水平，简化业务流程，搞好理赔服务。支持保险机构对龙头企业到海外投资农业提供投融资保险服务。扩大保险资金支农融资试点。稳步开展农民互助合作保险试点，鼓励有条件的地方积极探索符合实际的互助合作保险模式。完善农业再保险体系和大灾风险分散机制，为农业保险提供持续稳定的再保险保障。

（十二）鼓励拓展营销市场。支持新型农业经营主体参与产销对接活动和在城市社区设立直销店（点）。落实鲜活农产品运输绿色通道、免征蔬菜流通环节增值税和支持批发市场建设等政策。鼓励有条件的地方对新型农业经营主体申请并获得专利、"三品一标"认证、品牌创建等给予适当奖励。加快实施"互联网+"现代农业行动，支持新型农业经营主体带动农户应用农业物联网和电子商务。采取降低入场费用和促销费用等措施，支持新型农业经营主体入驻电子商务平台。实施信息进村入户入社工程，建立农业信息监测分析预警体系，为新型农业经营主体提供市场信息服务。组织开展农民手机应用技能培训，提高新型农业经营主体和农民发展生产的能力。

（十三）支持人才培养引进。依托新型职业农民培育工程，整合各渠道培训资金资源，实施现代青年农场主培养计划、农村实用人才带头人培训计划以及新型农业经营主体带头人轮训计划，力争到"十三五"时期末轮训一遍，培养更多爱农业、懂技术、善经营的新型职业农民。办好农业职业教育，鼓励新型农业经营主体带头人通过"半农半读"、线上线下等多种形式就地就近接受职业教育，积极参加职业技能培训和技能鉴定。鼓励有条件的地方通过奖补等方式，引进各类职业经理人，提高农业经营管理水平。将新型农业经营主体列入高校毕业生"三支一扶"计划、大学生村官计划服务岗位的拓展范围。鼓励农民工、大中专毕业生、退伍军人、科技人员等返乡下乡创办领办新型农业经营主体。深入推行科技特派员制度，鼓励科研人员到农民合作社、龙头企业任职兼职，完善知识产权入股、参与分红等激励机制。建立产业专家帮扶和农技人员对口联系制度，发挥好县乡农民合作社辅导员的指导作用。

四、健全政策落实机制

（十四）加强组织领导。地方各级党委和政府要高度重视培育和发展新型农业经营主体，抓紧制定符合当地实际的具体措施和实施意见，加强对扶持政策落实的督促指导。各有关部门要加强协作配合，形成工作合力，结合各自职责抓好贯彻落实。要加强农村经营管理体系建设，鼓励各地采取安排专兼职人员、招收大学生村官等多种途径，充实基层经营管理工作力量，保障必要工作条件，确保支持新型农业经营主体发展的各项工作抓细抓实。

（十五）搞好服务指导。加强调查研究，及时掌握新型农业经营主体发展的新情况新问题，宣传政策，搞好服务，促进其健康发展。完善家庭农场认定办法，落实农民合作社年度报告公示制度，开展重点龙头企业运行监测。鼓励有条件的地方建立新型农业经营主体名录并向社会公布，探索建立新型农业经营主体会计代理和财务审计制度，引导新型农业经营主体规范运行。

（十六）狠抓考核督查。将落实培育新型农业经营主体政策情况纳入工作绩效考核，并建立科学的政策绩效评估监督机制。畅通社会监督渠道，适时开展督查，对政策落实到位的地方和部门予以表扬，对工作不力的予以督促整改。进一步建立和完善新型农业经营主体统计调查、监测分析和定期发布制度。

（十七）强化法制保障。加快推进农村金融立法工作，确保农村改革与立法衔接。切实维护新型农业经营主体的合法权益，引导其诚信守法生产经营，为新型农业经营主体健康发展提供法制保障。

国务院办公厅关于加快转变农业发展方式的意见

国办发〔2015〕59 号

各省、自治区、直辖市人民政府，国务院各部委、各直属机构：

近年来，我国粮食生产"十一连增"，农民收入持续较快增长，农业农村经济发展取得巨大成绩，为经济社会持续健康发展提供了有力支撑。当前，我国经济发展进入新常态，农业发展面临农产品价格"天花板"封顶、生产成本"地板"抬升、资源环境"硬约束"加剧等新挑战，迫切需要加快转变农业发展方式。经国务院同意，现提出以下意见。

一、总体要求

（一）指导思想。全面贯彻落实党的十八大和十八届二中、三中、四中全会精神，按照党中央、国务院决策部署，把转变农业发展方式作为当前和今后一个时期加快推进农业现代化的根本途径，以发展多种形式农业适度规模经营为核心，以构建现代农业经营体系、生产体系和产业体系为重点，着力转变农业经营方式、生产方式、资源利用方式和管理方式，推动农业发展由数量增长为主转到数量质量效益并重上来，由主要依靠物质要素投入转到依靠科技创新和提高劳动者素质上来，由依赖资源消耗的粗放经营转到可持续发展上来，走产出高效、产品安全、资源节约、环境友好的现代农业发展道路。

（二）基本原则。

坚持把增强粮食生产能力作为首要前提。坚守耕地红线，做到面积不减少、质量不下降、用途不改变，稳定提升粮食产能，确保饭碗任何时候都牢牢端在自己手中，夯实转变农业发展方式的基础。

坚持把提高质量效益作为主攻方向。以市场需求为导向，适应居民消费结构变化，调整优化农业结构，向规模经营要效率、向一二三产业融合要效益、向品牌经营要利润，全面推进节本降耗、提质增效。

坚持把促进可持续发展作为重要内容。以资源环境承载能力为依据，优化农业生产力布局，加强农业环境突出问题治理，促进资源永续利用。

坚持把推进改革创新作为根本动力。打破传统农业发展路径依赖，全面深化农村改革，加快农业科技创新和制度创新，完善粮食等重要农产品价格形成机制，激活各类农业生产要素。

坚持把尊重农民主体地位作为基本遵循。尊重农民意愿，维护农民权益，在充分发挥市场机制作用的基础上，更好发挥政府作用，保护和调动农民积极性。

（三）主要目标。

到2020年，转变农业发展方式取得积极进展。多种形式的农业适度规模经营加快发展，农业综合生产能力稳步提升，产业结构逐步优化，农业资源利用和生态环境保护水平不断提高，物质技术装备条件显著改善，农民收入持续增加，为全面建成小康社会提供重要支撑。

到2030年，转变农业发展方式取得显著成效。产品优质安全，农业资源利用高效，产地生态环境良好，产业发展有机融合，农业质量和效益明显提升，竞争力显著增强。

二、增强粮食生产能力，提高粮食安全保障水平

（四）加快建设高标准农田。以高标准农田建设为平台，整合新增建设用地土地有偿使用费、农业综合开发资金、现代农业生产发展资金、农田水利设施建设补助资金、测土配方施肥资金、大型灌区续建配套与节水改造投资、新增千亿斤粮食生产能力规划投资等，统筹使用资金，集中力量开展土地平整、农田水利、土壤改良、机耕道路、配套电网林网等建设，统一上图入库，到2020年建成8亿亩高标准农田。有计划分片推进中低产田改造，改善农业生产条件，增强抵御自然灾害能力。探索建立有效机制，鼓励金融机构支持高标准农田建设和中低产田改造，引导各类新型农业经营主体积极参与。按照"谁受益、谁管护"的原则，明确责任主体，建立奖惩机制，落实管护措施。

（五）切实加强耕地保护。落实最严格耕地保护制度，加快划定永久基本农田，确保基本农田落地到户、上图入库、信息共享。完善耕地质量保护法律制度，研究制定耕地质量等级国家标准。完善耕地保护补偿机制。充分发挥国家土地督察作用，坚持数量与质量并重，加强土地督察队伍建设，落实监督责任，重点加强东北等区域耕地质量保护。实施耕地质量保护与提升行动，分区域开展退化耕地综合治理、污染耕地阻控修复、土壤肥力保护提升、耕地质量监测等建设，开展东北黑土地保护利用试点，逐步扩大重金属污染耕地治理与种植结构调整试点，全面推进建设占用耕地耕作层土壤剥离再利用。

（六）积极推进粮食生产基地建设。结合永久基本农田划定，

探索建立粮食生产功能区，优先在东北、黄淮海和长江中下游等水稻、小麦主产区，建成一批优质高效的粮食生产基地，将口粮生产能力落实到田块地头。加大财政均衡性转移支付力度，涉农项目资金要向粮食主产区倾斜。大力开展粮食高产创建活动，推广绿色增产模式，提高单产水平。引导企业积极参与粮食生产基地建设，发展产前、产中、产后等环节的生产和流通服务。加强粮食烘干、仓储设施建设。

三、创新农业经营方式，延伸农业产业链

（七）培育壮大新型农业经营主体。逐步扩大新型农业经营主体承担农业综合开发、中央基建投资等涉农项目规模。支持农民合作社建设农产品加工仓储冷链物流设施，允许财政补助形成的资产转交农民合作社持有和管护。鼓励引导粮食等大宗农产品收储加工企业为新型农业经营主体提供订单收购、代烘代储等服务。落实好新型农业经营主体生产用地政策。研究改革农业补贴制度，使补贴资金向种粮农民以及家庭农场等新型农业经营主体倾斜。支持粮食生产规模经营主体开展营销贷款试点。创新金融服务，把新型农业经营主体纳入银行业金融机构客户信用评定范围，对信用等级较高的在同等条件下实行贷款优先等激励措施，对符合条件的进行综合授信；探索开展农村承包土地经营权抵押贷款、大型农机具融资租赁试点，积极推动厂房、渔船抵押和生产订单、农业保单质押等业务，拓宽抵质押物范围；支持新型农业经营主体利用期货、期权等衍生工具进行风险管理；在全国范围内引导建立健全由财政支持的农业信贷担保体系，为粮食生产规模经营主体贷款提供信用担保和风险补偿；鼓励商业保险机构开发适应新型农业经营主体需求的多档次、高保障保险产品，探索开展产值保险、目标价格保险等试点。

（八）推进多种形式的农业适度规模经营。稳步开展农村土地承包经营权确权登记颁证工作。各地要采取财政奖补等措施，扶持多种形式的农业适度规模经营发展，引导农户依法采取转包、出租、互换、转让、入股等方式流转承包地。有条件的地方在坚持农地农用和坚决防止"非农化"的前提下，可以根据农民意愿统一连片整理耕地，尽量减少田埂，扩大耕地面积，提高机械化作业水平。采取财政扶持、信贷支持等措施，加快培育农业经营性服务组织，开展政府购买农业公益性服务试点，积极推广合作式、托管式、订单式等服务形式。支持供销合作社开展农业社会化服务，加快形成综合性、规模化、可持续的为农服务体系。总结推广多种形式农业适度规模经营的典型案例，充分发挥其示范带动作用。在坚持农村土地集体所有和充分尊重农民意愿的基础上，在农村改革试验区稳妥开展农户承包地有偿退出试点，引导有稳定非农就业收入、长期在城镇居住生活的农户自愿退出土地承包经营权。

（九）大力开展农业产业化经营。把发展多种形式农业适度规模经营与延伸农业产业链有机结合起来，立足资源优势，鼓励农民通过合作与联合的方式发展规模种养业、农产品加工业和农村服务业，开展农民以土地经营权入股农民合作社、农业产业化龙头企业试点，让农民分享产业链增值收益。充实和完善龙头企业联农带农的财政激励机制，鼓励龙头企业为农户提供技术培训、贷款担保、农业保险资助等服务，大力发展一村一品、村企互动的产销对接模式；创建农业产业化示范基地，推进原料生产、加工物流、市场营销等一二三产业融合发展，促进产业链增值收益更多留在产地、留给农民。支持农业产业化示范基地开展技术研发、质量检测、物流信息等公共服务平台建设。从国家技改资金项目中划定一定比例支持龙头企业转型升级。

（十）加快发展农产品加工业。扩大农产品初加工补助资金规模、实施区域和品种范围。深入实施主食加工提升行动，推动马铃薯等主食产品开发。支持精深加工装备改造升级，建设一批农产品加工技术集成基地，提升农产品精深加工水平。支持粮油加工企业节粮技术改造，开展副产品综合利用试点。加大标准化生猪屠宰体系建设力度，支持屠宰加工企业一体化经营。

（十一）创新农业营销服务。加强全国性和区域性农产品产地市场建设，加大农产品促销扶持力度，提升农户营销能力。培育新型流通业态，大力发展农业电子商务，制定实施农业电子商务应用技术培训计划，引导各类农业经营主体与电商企业对接，促进物流配送、冷链设施设备等发展。加快发展供销合作社电子商务。积极推广农产品拍卖交易方式。

（十二）积极开发农业多种功能。加强规划引导，研究制定促进休闲农业与乡村旅游发展的用地、财政、金融等扶持政策，加大配套公共设施建设支持力度，加强从业人员培训，强化体验活动创意、农事景观设计、乡土文化开发，提升服务能力。保持传统乡村风貌，传承农耕文化，加强重要农业文化遗产发掘和保护，扶持建设一批具有历史、地域、民族特点的特色景观旅游村镇。提升休闲农业与乡村旅游示范创建水平，加大美丽乡村推介力度。

四、深入推进农业结构调整，促进种养业协调发展

（十三）大力推广轮作和间作套作。支持因地制宜开展生态型复合种植，科学合理利用耕地资源，促进种地养地结合。重点在

东北地区推广玉米/大豆（花生）轮作，在黄淮海地区推广玉米/花生（大豆）间作套作，在长江中下游地区推广双季稻—绿肥或水稻—油菜种植，在西南地区推广玉米/大豆间作套作，在西北地区推广玉米/马铃薯（大豆）轮作。

（十四）鼓励发展种养结合循环农业。面向市场需求，加快建设现代饲草料产业体系，开展优质饲草料种植推广补贴试点，引导发展青贮玉米、苜蓿等优质饲草料，提高种植比较效益。加大对粮食作物改种饲草料作物的扶持力度，支持在干旱地区、高寒高纬度玉米种植区域和华北地下水超采漏斗区、南方石漠化地区率先开展试点。统筹考虑种养规模和环境消纳能力，积极开展种养结合循环农业试点示范。发展现代渔业，开展稻田综合种养技术示范，推广稻渔共生、鱼菜共生等综合种养技术新模式。

（十五）积极发展草食畜牧业。针对居民膳食结构和营养需求变化，促进安全、绿色畜产品生产。分区域开展现代草食畜牧业发展试点试验，在种养结构调整、适度规模经营培育、金融信贷支持、草原承包经营制度完善等方面开展先行探索。大力推进草食家畜标准化规模养殖，突出抓好疫病防控，加快推广先进适用技术模式，重点支持生态循环畜牧业发展，引导形成牧区繁育、农区育肥的新型产业结构。实施牛羊养殖大县财政奖励补助政策。

五、提高资源利用效率，打好农业面源污染治理攻坚战

（十六）大力发展节水农业。落实最严格水资源管理制度，逐步建立农业灌溉用水量控制和定额管理制度。进一步完善农田灌排设施，加快大中型灌区续建配套与节水改造、大中型灌排泵站更新改造，推进新建灌区和小型农田水利工程建设，扩大农田有效灌溉面积。大力发展节水灌溉，全面实施区域规模化高效节水

灌溉行动。分区开展节水农业示范，改善田间节水设施设备，积极推广抗旱节水品种和喷灌滴灌、水肥一体化、深耕深松、循环水养殖等技术。积极推进农业水价综合改革，合理调整农业水价，建立精准补贴机制。开展渔业资源环境调查，加大增殖放流力度，加强海洋牧场建设。统筹推进流域水生态保护与治理，加大对农业面源污染综合治理的支持力度，开展太湖、洱海、巢湖、洞庭湖和三峡库区等湖库农业面源污染综合防治示范。

（十七）实施化肥和农药零增长行动。坚持化肥减量提效、农药减量控害，建立健全激励机制，力争到2020年，化肥、农药使用量实现零增长，利用率提高到40%以上。深入实施测土配方施肥，扩大配方肥使用范围，鼓励农业社会化服务组织向农民提供配方施肥服务，支持新型农业经营主体使用配方肥。探索实施有机肥和化肥合理配比计划，鼓励农民增施有机肥，支持发展高效缓（控）释肥等新型肥料，提高有机肥施用比例和肥料利用效率。加强对农药使用的管理，强化源头治理，规范农民使用农药的行为。全面推行高毒农药定点经营，建立高毒农药可追溯体系。开展低毒低残留农药使用试点，加大高效大中型药械补贴力度，推行精准施药和科学用药。鼓励农业社会化服务组织对农民使用农药提供指导和服务。

（十八）推进农业废弃物资源化利用。落实畜禽规模养殖环境影响评价制度。启动实施农业废弃物资源化利用示范工程。推广畜禽规模化养殖、沼气生产、农家肥积造一体化发展模式，支持规模化养殖场（区）开展畜禽粪污综合利用，配套建设畜禽粪污治理设施；推进农村沼气工程转型升级，开展规模化生物天然气生产试点；引导和鼓励农民利用畜禽粪便积造农家肥。支持秸秆收集机械还田、青黄贮饲料化、微生物腐化和固化炭化等新技术示范，加快秸秆收储运体系建设。扩大旱作农业技术应用，支持使用加厚或可降解农膜；开展区域性残膜回收与综合利用，扶持建设一批废旧农膜回收加工网点，鼓励企业回收废旧农膜。加快可降解农膜研发和应用。加快建成农药包装废弃物收集处理系统。

六、强化农业科技创新，提升科技装备水平和劳动者素质

（十九）加强农业科技自主创新。按照深化科技体制改革的总体要求，深入推进农业科技管理体制改革，提高创新效率。推进农业科技协同创新联盟建设。加快农业科技创新能力条件建设，按程序启动农业领域重点科研项目，加强农业科技国际交流与合作，着力突破农业资源高效利用、生态环境修复等共性关键技术。探索完善科研成果权益分配激励机制。建设农业科技服务云平台，提升农技推广服务效能。深入推进科技特派员农村科技创业行动，加快科技进村入户，让农民掌握更多的农业科技知识。

（二十）深化种业体制改革。在总结完善种业科研成果权益分配改革试点工作的基础上，逐步扩大试点范围；完善成果完成人分享制度，健全种业科技资源、人才向企业流动机制，做大做强育繁推一体化种子企业。国家财政科研经费加大用于基础性公益性研究的投入，逐步减少用于农业科研院所和高等院校开展商业化育种的投入。实施现代种业提升工程，加强国家种质资源体系、植物新品种测试体系和品种区域试验体系建设，加大种质资源保护力度，完善植物品种数据库。实施粮食作物制种大县财政奖励补助政策，积极推进海南、甘肃、四川三大国家级育种制种基地建设，规划建设一批区域级育种制种基地。

（二十一）推进农业生产机械化。适当扩大农机深松整地作业

补助试点，大力推广保护性耕作技术，开展粮棉油糖生产全程机械化示范，构建主要农作物全程机械化生产技术体系。完善适合我国国情的农业机械化技术与装备研发支持政策，主攻薄弱环节机械化，推进农机农艺融合，促进工程、生物、信息、环境等技术集成应用。探索完善农机报废更新补贴实施办法。

（二十二）加快发展农业信息化。开展"互联网+"现代农业行动。鼓励互联网企业建立农业服务平台，加强产销衔接。推广成熟可复制的农业物联网应用模式，发展精准化生产方式。大力实施农业物联网区域试验工程，加快推进设施园艺、畜禽水产养殖、质量安全追溯等领域物联网示范应用。加强粮食储运监管领域物联网建设。支持研发推广一批实用信息技术和产品，提高农业智能化和精准化水平。强化农业综合信息服务能力，提升农业生产要素、资源环境、供给需求、成本收益等监测预警水平，推进农业大数据应用，完善农业信息发布制度。大力实施信息进村入户工程，研究制定农业信息化扶持政策。加快国家农村信息化示范省建设。

（二十三）大力培育新型职业农民。加快建立教育培训、规范管理和政策扶持"三位一体"的新型职业农民培育体系。建立公益性农民培养培训制度，深入实施新型职业农民培育工程，推进农民继续教育工程。加强农民教育培训体系条件能力建设，深化产教融合、校企合作和集团化办学，促进学历、技能和创业培养相互衔接。鼓励进城农民工和职业院校毕业生等人员返乡创业，实施现代青年农场主计划和农村实用人才培养计划。

七、提升农产品质量安全水平，确保"舌尖上的安全"

（二十四）全面推行农业标准化生产。加强农业标准化工作，健全推广和服务体系。加快制修订农兽药残留标准，制定推广一批简明易懂的生产技术操作规程，继续推进农业标准化示范区、园艺作物标准园、畜禽标准化示范场和水产健康养殖示范场建设，扶持新型农业经营主体率先开展标准化生产，实现生产设施、过程和产品标准化。积极推行减量化生产和清洁生产技术，规范生产行为，控制农兽药残留，净化产地环境。

（二十五）推进农业品牌化建设。加强政策引导，营造公平有序的市场竞争环境，开展农业品牌塑造培育、推介营销和社会宣传，着力打造一批有影响力、有文化内涵的农业品牌，提升增值空间。鼓励企业在国际市场注册商标，加大商标海外保护和品牌培育力度。发挥有关行业协会作用，加强行业自律，规范企业行为。

（二十六）提高农产品质量安全监管能力。开展农产品质量安全县创建活动，探索建立有效的监管机制和模式。依法加强对农业投入品的监管，打击各类非法添加行为。开展农产品质量安全追溯试点，优先将新型农业经营主体纳入试点范围，探索建立产地质量证明和质量安全追溯制度，推进产地准出和市场准入。构建农产品质量安全监管追溯信息体系，促进各类追溯平台互联互通和监管信息共享。加强农产品产地环境监测和农业面源污染监测，强化产地安全管理。支持病死畜禽无害化处理设施建设，加快建立运行长效机制。加强农业执法监管能力建设，改善农业综合执法条件，稳定增加经费支持。

八、加强农业国际合作，统筹国际国内两个市场两种资源

（二十七）推进国际产能合作。拓展与"一带一路"沿线国家和重点区域的农业合作，带动农业装备、生产资料等优势产能

对外合作。健全农业对外合作部际联席会议制度。在充分利用现有政策渠道的同时，研究农业对外合作支持政策，加快培育具有国际竞争力的农业企业集团。积极引导外商投资现代农业。

（二十八）加强农产品贸易调控。积极支持优势农产品出口。健全农产品进口调控机制，完善重要农产品国营贸易和关税配额管理，把握好进口规模、节奏，合理有效利用国际市场。加快构建全球重要农产品监测、预警和分析体系，建设基础数据平台，建立中长期预测模型和分级预警与响应机制。

九、强化组织领导

（二十九）落实地方责任。各省（区、市）人民政府要提高对转变农业发展方式重要性、复杂性和长期性的认识，增强紧迫感和自觉性，加强组织领导和统筹协调，落实工作责任，健全工作机制，切实把各项任务措施落到实处；要按照本意见要求，结合当地实际，制定具体实施方案。

（三十）加强部门协作。农业部要强化对转变农业发展方式工作的组织指导，密切跟踪工作进展，及时总结和推广经验。发展改革委、财政部要强化对重大政策、重大工程和重大项目的扶持。人民银行、银监会、证监会、保监会要积极落实金融支持政策。教育部、科技部、工业和信息化部、国土资源部、环境保护部、水利部、商务部、质检总局等部门要按照职责分工，抓紧出台相关配套政策。

国务院办公厅

2015 年 7 月 30 日

关于支持多种形式适度规模经营
促进转变农业发展方式的意见

财农〔2015〕98 号

各省、自治区、直辖市、计划单列市、财政厅（局），新疆生产建设兵团财务局：

当前，我国正处于全面建成小康社会的关键时期和传统农业向现代农业转型的跨越阶段，小规模分散经营制约了资源的优化配置和劳动生产率的有效提高，延缓了农业现代化进程。大力发展多种形式农业适度规模经营，是保障国家粮食和农产品安全、增强农产品竞争力的有效抓手，是强化农业基础地位、加快农业现代化建设的必由之路，是促进农民持续增收、保持农村和谐稳定的重要途径。为进一步做好财政支持适度规模经营工作，促进转变农业发展方式，现提出如下意见：

一、财政支持适度规模经营的总体思路和基本原则

财政支持发展多种形式适度规模经营，要以提高农业要素配置效率为目标，以培育新型农业经营主体为载体，以健全农业生产社会化服务体系为支撑，以体制机制创新为动力，统筹整合相关涉农资金，运用支农政策组合拳，充分调动市场主体的积极性，为丰富适度规模经营形式、提升适度规模经营水平增添新动力，为转变农业发展方式、推动农业现代化注入新活力。

财政支持多种形式适度规模经营要坚持以下原则：一是坚持因地制宜。鼓励各地结合实际，积极探索财政支持适度规模经营

的具体方式，创新支持机制和措施。二是坚持以粮为先。突出保障国家粮食安全，在确保农地农用的基础上，重点支持发展粮食规模化生产。三是坚持市场导向。处理好政府与市场的关系，转变政府职能，激发市场活力，发挥政策和规划引导作用，依靠市场机制促进适度规模经营发展。四是坚持统筹整合。立足现有资金渠道，统筹整合资金，发挥政策合力，加大对适度规模经营的倾斜力度。五是坚持利益共享。尊重农民主体地位，鼓励其自主参与规模经营，健全利益联结和风险防范机制，让农民分享经营收益。

二、进一步加大对适度规模经营的政策倾斜力度

（一）建立鼓励粮食适度规模经营的农业补贴政策。经国务院批准，从 2015 年调整完善农作物良种补贴、种粮农民直接补贴和农资综合补贴等三项补贴政策（以下简称农业"三项补贴"）。各省、自治区、直辖市、计划单列市从中央财政提前下达的农资综合补贴中调整 20% 资金，加上支持种粮大户试点资金和农业"三项补贴"增量资金，统筹用于支持粮食适度规模经营，重点向种粮大户、家庭农场、农民合作社、农业社会化服务组织等新型经营主体倾斜。补贴资金重点支持建立完善农业信贷担保体系，也可采取贷款贴息、现金直补、重大技术推广与服务补助等方式，支持发展粮食适度规模经营。

（二）构建促进适度规模经营的农机化扶持政策。完善农机购置补贴政策，支持符合条件的地方，根据粮棉油糖主要农作物适度规模经营需要和补贴资金规模，选择部分关键环节机具实行敞开补贴；对粮食规模经营主体和农机合作社，优先给予农机购置补贴；实施农机作业补助，通过购买社会服务方式，鼓励农机大

户、农机合作社等农机服务组织承担国家指定类型的作业任务；开展农机新产品中央财政资金购置补贴试点，引导和鼓励农机生产企业围绕适度规模经营需求加强研发创新；鼓励开展大型农机金融租赁试点和创新农机信贷服务，多渠道多形式满足适度规模经营主体的购机和用机需求。

（三）加大对适度规模经营的资金扶持力度。中央财政安排的现代农业生产发展资金、农田水利设施建设补助资金、农业科技推广与服务补助资金等扶持农业生产类资金，向发展适度规模经营成效好的省份重点倾斜，加大绩效奖励力度。地方各级财政部门在安排上述资金时，要将资金的增量部分和绩效奖励部分主要用于支持适度规模经营，重点支持改善农业生产条件，提高农业科技与装备水平等。中央财政安排一部分农业科技推广与服务补助资金，围绕水稻、小麦两大口粮作物，支持探索农业发展新业态，推动一二三产业融合。探索安排一部分中央财政现代农业生产发展资金，引导各地统筹安排相关涉农资金，专门用于解决适度规模经营面临的突出问题。

三、着力促进新型经营主体提升适度规模经营能力

（四）推动财政支农项目与新型经营主体有效对接。进一步下放审批权限，明确条件，扩大范围，规范程序，将更多的财政支农项目交由新型经营主体承接，使其更加广泛和深入地参与财政支农项目的建设、运行和管理。允许财政补助形成的资产转交新型经营主体持有和管护，为发展适度规模经营创造有利条件。在农田水利设施产权制度改革和创新运行管护机制试点中，鼓励从事适度规模经营的新型农业经营主体作为项目法人参与项目建设管理。鼓励从事粮食适度规模经营的新型农业经营主体，单独申

报实施农业综合开发高标准农田建设项目。逐步推动建立新型经营主体征信体系,为市场运作和政策扶持提供基础信息支撑。

(五)创新推动农民合作社发展。进一步加大对农民合作社的支持力度,优先支持从事粮食等规模化生产的合作社发展。系统总结财政支持农民合作社创新试点经验,充分发挥创新试点的典型示范带动作用,大力推广与金融社会资本合作、搭建公共服务平台、政府购买服务等有效措施,探索和推广财政支持合作社发展的有效途径。

(六)扶持家庭农场和种养大户发展。研究完善扶持政策措施,重点支持以家庭成员为主要劳动力、以农业为主要收入来源、从事专业化、集约化农业生产的规模适度的家庭农场发展。调整完善相关政策,加大对种养大户等新型职业农民培训的支持力度,支持实施现代青年农场主计划和农村实用人才培养计划,吸引年轻人务农种粮。

(七)支持农垦发挥适度规模经营排头兵作用。大力支持农垦改革发展,以推进垦区集团化、农场企业化改革为主线,依靠创新驱动提高综合生产能力,转变发展方式。加快国有农场办社会职能改革,推进资源资产整合和产业优化升级,全面增强农垦内生动力和发展活力。

四、支持引导有利于适度规模经营的体制机制创新

(八)支持农村土地承包经营权有序流转。在稳步扩大试点的基础上,深入推进农村土地承包经营权确权登记颁证工作,稳定农村土地承包关系,为发展适度规模经营创造条件。支持稳步推进土地经营权抵押、担保试点。

(九)创新规模经营的有效实现形式。引导鼓励龙头企业与农

民或农民合作社以"订单农业"等方式实现规模经营。进一步创新农民合作社发展模式，引导农民以承包地入股组建土地股份合作社，鼓励承包农户开展联户经营，引导发展农民合作社联合社，扩大生产经营面积，解决土地碎片化和产出能力低下等问题，推动集约规模经营。

（十）加快农业生产社会化服务体系发展。采取财政扶持、信贷支持等措施，落实相关税收优惠政策，加快培育多种形式的农业经营性服务组织。支持开展政府向经营性服务组织购买农业公益性服务机制创新试点。总结推广财政支持农业生产全程社会化服务和新型农业社会化服务试点经验，促进供种供肥、农机作业、农技推广、生产管理和产品销售等生产经营的组织化和统一化，提高区域规模经营效益。积极支持推进气象服务融入农业社会化服务体系，进一步拓宽服务领域。落实供销合作社综合改革各项政策，提高其为适度规模经营服务的能力和水平。

（十一）促进产业融合发展带动规模经营。围绕发展地方农业特色产业、主导产业、优势产业，完善财政扶持政策，落实相关税收优惠政策，鼓励农业规模经营者向二三产业延伸，推进农牧结合和草畜配套，发展林下经济，鼓励发展农业生产性服务业，促进一二三产业融合互动。通过扶持产业化企业带动农民发展，促进市场导向和农民规模生产的趋同一致，使农民合理分享二三产业的规模收益和增值收益。鼓励各地统筹整合财政扶贫资金及其他支农资金，大力推动贫困地区优势特色产业实现规模化经营，并积极探索资产收益扶贫，将财政投入所形成资产量化折股给贫困人口，帮助贫困人口脱贫致富。

（十二）加强财政与金融的协调合作。推动组建以政府出资为主、重点开展农业信贷担保业务的县域融资性担保机构，加快构建覆盖全国的农业信贷担保服务网络，完善银担合作机制，为适度规模经营提供贷款担保服务。积极推动普惠金融服务体系建设，继续发挥农村金融机构定向费用补贴和县域金融机构涉农贷款增量奖励政策的引导作用，鼓励金融机构加大对适度规模经营的支持力度。创新财政支农资金使用机制，灵活采取贷款贴息、风险补偿、融资增信、创投基金等方式，帮助适度规模经营主体拓宽融资渠道，降低融资成本。支持开展针对新型经营主体的生产订单抵押、保单抵押、营销贷款等试点。加大对现代农业保险的支持力度，重点支持关系国计民生和粮食安全的大宗农产品，研究将三大粮食作物制种保险纳入中央财政保费补贴目录，积极开展农产品价格保险试点，进一步完善农业保险大灾风险分散机制，有效提高对适度规模经营的风险保障水平。

五、改进和加强涉农资金使用管理

（十三）切实提高财政资金使用效益。各级财政部门要切实加强涉农资金使用管理，完善管理制度，加大监督检查力度，严肃查处各类违规违纪违法行为，确保把用于支持适度规模经营的各项资金落在实处。建立健全财政资金绩效评价制度，将绩效评价结果与资金分配挂钩，加大对适度规模经营发展成绩突出的地方和经营主体的奖励力度。

（十四）加大财政支农信息公开力度。将支持适度规模经营发展的各类政策制度、资金项目、实施绩效等信息，采取网站、电视、广播、板报、公告等多种方式进行公开公示，将政策信息准确地传达至政策对象及有关群体，自觉接受社会监督。

各级财政部门要充分认识发展多种形式适度规模经营的重要

性和紧迫性，切实把思想和行动统一到党中央、国务院决策部署上来，积极发挥职能作用，加强组织领导，健全工作机制，强化部门协作，推动形成支持多种适度规模经营的强大合力。要按照上述意见要求，结合本地实际，抓紧研究制定具体落实方案，主动牵头或配合相关部门出台配套政策措施，积极提供有效的财力保障。要加强跟踪指导，及时发现和解决基层遇到的困难和问题，认真总结和推广各地好的经验和做法，加大宣传力度，努力营造良好氛围。

中华人民共和国财政部

2015 年 7 月 9 日

关于加快发展农业循环经济的指导意见

发改环资〔2016〕203号

各省、自治区、直辖市及计划单列市、新疆生产建设兵团发展改革委（经信委、工信厅），农业（农牧、农村经济）厅（委、办、局），林业局（厅），有关单位：

农业是国民经济的基础，是发展循环经济的重要领域。加快发展农业循环经济是转变农业发展方式、保障食品和木材安全、建设生态文明的必然选择。为贯彻落实党的十八届五中全会精神，根据《关于加快推进生态文明建设的意见》、《关于进一步深化农村改革加快推进农业现代化的若干意见》、《循环经济发展战略及近期行动计划》和《生态文明体制改革总体方案》等要求，现就加快发展农业循环经济，促进农业绿色发展，提出以下意见：

一、总体要求

（一）指导思想

全面贯彻落实党中央、国务院关于大力推进生态文明建设的战略部署，加快发展农业循环经济，以提高农业资源利用效率和改善农村生态环境为目标，以促进农业绿色发展为主线，以示范引领为抓手，切实发挥龙头企业带动作用，优化产业组织结构，促进农林牧渔与二、三产业融合发展，全面推动资源利用节约化、生产过程清洁化、产业链接循环化、废弃物处理资源化，增强农业可持续发展能力，加快转变农业发展方式。

（二）遵循原则

一是坚持减量化优先和资源化利用。强化源头减量化，提高资源利用效率，减少生产、加工、流通、消费等各环节能源资源消耗和废弃物产生。促进废弃物资源化、规模化、产业化、高值化利用，提升农业综合效益。

二是坚持重点突破和示范推广。在农作物秸秆、农林产品加工副产物、林业废弃物、废旧农膜、畜禽粪便、水体富营养化等重点领域，组织实施示范工程。培育、总结、凝练一批农业循环经济典型模式，加大推广力度。

三是坚持因地制宜和产业融合。各地根据资源禀赋、环境承载力、产业基础、主体功能定位等实际，合理规划布局，选择不同的技术路线，形成各具特色的农业循环经济发展模式。推进多种形式的产业循环链接和集成发展，构建一、二、三产业联动发展的现代工农复合型循环经济产业体系。

四是坚持政府推动和市场化导向。强化政府的有序引导、技术支撑、政策扶持和公共服务，充分发挥市场配置资源的决定性作用，提升龙头企业、农垦、牧区、渔区、林区的带动效应，引导企业、新型农业经营主体、农户广泛参与，加快农业循环经济社会化服务体系建设。

（三）主要目标

到2020年，建立起适应农业循环经济发展要求的政策支撑体系，基本构建起循环型农业产业体系。生态循环农业产业不断发展，科技支撑能力不断增强，农林废弃物处理资源化程度明显提高，人居环境和生态环境显著改善，农业可持续发展能力不断提升。建设和推广一批具有示范引领作用的农业、林业和工农复合型的循环经济示范园区、示范基地、示范工程、示范企业和先进适用技术，总结凝练一批可借鉴、可复制、可推广的农业循环经济发展典型模式，推动农业发展方式转变。

力争到 2020 年，农田灌溉水有效利用系数达到 0.55，主要农作物化肥利用率达到 40% 以上，农膜回收率达 80% 以上，农作物秸秆综合利用率达到 85% 以上，规模化养殖场（区）畜禽粪便综合利用率达到 75%，林业废弃物综合利用率达到 80% 以上。

二、重点领域和主要任务

（一）推进资源利用节约化

推进土地节约集约利用。推进传统耕作制度改革，合理确定复种指数，充分挖掘土、水、光、热等资源的利用潜力，提高耕地、草地、水面、林地综合产出效率；加强农田基础设施和耕地质量建设，实施"耕地质量保护与提升行动"；支持盐碱地和土壤污染耕地等改良修复，因地制宜调整种植结构；鼓励合理利用盐碱地、采矿塌陷区发展水产养殖等；与新型城镇化建设紧密结合，集中整理、规划农村居民点用地。科学制定造林和森林经营方案，推广林地立体开发产业模式，发展林下经济。

推进水资源节约高效利用。在干旱半干旱地区，大力发展节水农业，建设集雨补灌设施，推广保墒固土、生物节水、沟播种植、农田护坡拦蓄保水、膜下滴灌等旱作节水技术。在非旱作农业区，推广防渗渠、低压管道、水肥一体化等节水技术；推广抗旱品种，发展保护性耕作，实行免耕或少耕、深松覆盖，增强抗旱节水能力。发展循环水节水养殖、研发并推广养殖废水处理技术，提高养殖用水利用率；鼓励开展屠宰废水等农产品加工废水无害化处理和循环利用。

引导农业投入品科学施用。实施"到2020年化肥使用量零增长行动",优化配置肥料资源,合理调整施肥结构,大力推进有机肥生产和使用,扩大测土配方施肥规模,推广化肥机械深施、种肥同播、适期施肥、水肥一体化等技术,提高化肥利用率;科学配制饲料,提高饲料利用效率,规范饲料添加剂使用,加强饲用抗生素替代品的研发和使用,逐步减少饲用抗生素用量;鼓励采用先进的创意、设计、工艺、技术和装备,减少木材加工、林产化工生产过程中能源、原材料和投入品消耗,提高木材利用效率。

促进农业领域节能降耗。加快淘汰高耗能老旧农业机械和渔船,有效开展农机和渔船更新改造;大力发展农、林、牧、渔节能、节水技术,逐步淘汰高耗能落后工艺和技术装备;推动省柴节煤炉灶的升级换代;鼓励农业生产生活使用生物质能、太阳能、风能、微水电等可再生能源。

(二)推进生产过程清洁化

加强农业面源污染防治。实施"到2020年农药使用量零增长行动",大力推进统防统治和绿色防控,全面推广高效低毒低残留农药、现代施药机械,科学精准用药;合理使用化肥、农药、地膜,严禁使用国家禁止的高毒、高残留农药,减少农业面源污染和内源性污染;推广雨污分流、干湿分离和设施化处理技术,推广应用有益微生物生态养殖技术,控制畜禽养殖污染物无序排放;支持在重点富营养化水域,因地制宜开展水上经济植物规模化种植、采收和资源化利用。

推进农产品加工和林业清洁生产。农产品加工,特别是食品加工企业要加大推广清洁生产力度,确保食品安全。提高林业生态功能，推动木竹藤材加工、人造板、木地板、防腐木材、木家具、木门窗、木楼梯、木质装饰材料等木材加工和林产化学加工企业清洁生产，推广林业生物防治、环保型木材防腐防虫、木材改性、木材漂白和染色、制浆造纸、林产化学产品制造技术，减少木材化学处理的化学药剂用量，降低环境污染。

（三）推进产业链接循环化

构建农业循环经济产业链。推进种养结合，农牧结合，养殖场建设与农田建设有机结合，按照生态承载容量，合理布局畜禽养殖场（小区），推广农牧结合型生态养殖模式；鼓励发展设施渔业及浅海立体生态养殖，推进水产养殖业与种植业有效对接；重点推广农林牧渔复合型模式，实现畜（禽）、鱼、粮、菜、果、茶协同发展。培育构建"种植业-秸秆-畜禽养殖-粪便-沼肥还田、养殖业-畜禽粪便-沼渣/沼液-种植业"等循环利用模式。

构建林业循环经济产业链。推广林上、林间、林下立体开发产业模式。鼓励利用木、竹、藤在采伐、抚育、造材、加工过程中产生的废弃物和次小薪材，生产人造板、纸、活性炭、木炭、竹炭、酒精等产品和生物质能源，鼓励对废弃的食用菌培养基进行再利用；鼓励利用城市园林绿地废弃物进行堆肥、生产园林有机覆盖物、生产生物质固体成型燃料、人造板、制作食用菌棒等；鼓励经济林和果树修剪枝桠材、林产品加工副产品等资源化利用。发展城市屋顶绿化、建筑墙体垂直绿化、阳台菜园等，增强吸附空气污染物、缓解城市"热岛效应"的生态功能，拓展绿色空间。

构建复合型循环经济产业链。大力推进农产品精深加工和高效物流冷链等现代物流体系建设。支持集成养殖深加工模式，发展饲料生产、畜禽水产养殖、畜禽和水产品加工及精深加工一体化复合型产业链。推进种植、养殖、农产品加工、生物质能、旅游等循环链接，形成跨企业、跨农户的工农复合型循环经济联合体。发展林板一体化、林纸一体化、林能一体化和森林生态旅游。构建粮、菜、果、茶、畜、鱼、林、加工、能源、物流、旅游一体化和一、二、三产业联动发展的现代复合型循环经济产业体系。

（四）推进农林废弃物处理资源化

推进农村生活废弃物循环利用。鼓励因地制宜建设人畜粪便、生活污水、垃圾等有机废弃物分类回收、利用和无害化处理体系；鼓励有条件地区建立完善"村收集、镇中转、区域集中处理"的农村垃圾回收、循环利用与无害化处理系统。

推进秸秆综合利用。各地要根据当地农用地分布情况、种植制度、秸秆产生和利用现状，鼓励农户、新型农业经营主体在购买农作物收获机械时，配备秸秆粉碎还田或捡拾打捆设备；鼓励有条件的企业和社会组织组建专业化秸秆收储运机构，健全服务网络。重点推进秸秆过腹还田、腐熟还田和机械化还田。进一步推进秸秆肥料化、饲料化、燃料化、基料化和原料化利用，形成布局合理、多元利用的秸秆综合利用产业化格局。

推进畜禽粪便资源化利用。推动规模化养殖业循环发展，切实加强饲料管理，支持规模化养殖场、养殖小区建设粪便收集、贮运、处理、利用设施；积极探索建立分散养殖粪便储存、回收和利用体系，在有条件的地区，鼓励分散储存、统一运输、集中处理；推广工厂化堆肥处理、商品化有机肥生产技术；利用畜禽粪便因地制宜发展集中供气沼气工程，鼓励利用畜禽粪便、秸秆等多种原料发展规模化大型沼气、生物天然气工程，推进沼渣沼液深加工生产适合种植的有机肥。

推进农产品加工副产物综合利用。鼓励综合利用企业与合作社、家庭农场、农户有机结合，促进种养业主体调整生产方式，使副产物更加符合循环利用要求和加工原料标准，把副产物制作成饲料、肥料、微生物菌、草毯、酒精和沼气等，构建资源—产品—副产物—资源的闭合式循环模式，实现综合利用、转化增值、改良土壤和治理环境。推进加工副产物的高值化利用，支持企业进行技术改造，充分开发加工副产物的营养成分，提高产品附加值。建立副产物收集、处理和运输的绿色通道，推进加工副产物向高值、梯次利用升级，提高加工副产物的有效供给和资源化利用水平，减少废弃物排放。

推进废旧农膜、灌溉器材、农药包装物回收利用。建立政府引导、企业实施、农户参与的农膜、灌溉器材、农药包装物生产、使用、回收、再利用各个环节相互配套的回收利用体系。推广应用标准地膜，引导农民回收废旧地膜和使用可降解地膜；支持建设废旧地膜、灌溉器材回收初加工网点及深加工利用项目。建立农药包装物回收、处理处置机制和体系，减少农药包装废弃物中农药残留，防止污染环境。推进水产加工副产品、废旧网具、渔船等废弃物的资源化利用。

推进林业废弃物资源化利用。推动建立废旧木质家具、废纸、木质包装、园林废弃物的回收利用体系，推进废弃竹木的综合利用；鼓励利用森林经营、采伐、造材、加工等过程中的剩余物，建设热、电、油、药等生物质联产项目。

三、保障措施

（一）完善制度标准

建立农业和林业节能减排政策制度，完善农业和林业生产的节能减排相关规范和标准体系。制订耕地质量国家标准，修订土壤环境质量标准、农用地膜国家标准。制订完善农药、肥料、饲料、兽药等农业投入品管理和废弃物处理的法律法规。加快制订种植业、畜禽养殖业、水产养殖业污染物排放控制标准。建立农业循环经济评价指标体系和评价考核制度，推动农业循环经济规范化、标准化发展。

（二）推进工程建设

推进农业循环经济示范工程建设。在农业基础较好的地区，选择一批具有明确实施主体的农业循环经济产业园区（基地）和企业，在减量化、再利用、资源化、清洁生产等农业循环经济的关键环节和领域开展示范工程建设。支持农场及林场循环化改造、耕地质量保护与提升，农作物病虫专业统防统治与绿色防控融合。推进示范基地建设、促进关键技术推广应用，支持农林产品加工副产物资源化利用示范工程、农业清洁生产示范项目等。省级相关部门根据实际，针对薄弱环节和突出问题，组织实施本地区的重点工程，探索具有各地特色的农业循环经济发展模式。国家和地方相关资金要加大对农业循环经济发展的支持。

（三）加大政策扶持

充分利用现有政策，支持各类农业经营主体回收废旧农膜，开展农作物秸秆、畜禽废弃物资源化利用、农产品加工副产物综合利用，推动以县（市、区）为单位开展农业废弃物资源化利用试点。使用有机肥、秸秆综合利用机械、节能农机、灌溉器材，实施循环水养殖、稻田综合种养、农药包装物、农产品加工研发及技改等，鼓励建设回收体系和初加工网点。加大对秸秆还田、高效低毒低残留农药、现代施药机械、绿色防控产品、增施有机肥和高标准农膜使用补贴力度。研究完善促进农业循环经济发展的引导和扶持政策，特别是农业废弃物制备燃料、肥料等产品的支持力度。鼓励金融机构对农林循环经济重点项目和示范工程给予多元化信贷支持，拓宽抵押担保范围，创新融资方式。

（四）强化科技驱动

加大科技投入，促进产学研结合，加强农业资源高效利用、废弃物减量化、资源化、农产品加工副产物综合利用等农林牧渔循环经济的共性和关键技术装备研发和转化推广力度；组织专家队伍，对实践中应用效果好的技术进行论证比选，筛选一批成熟技术进行推广扩散。对现有的单项成熟技术进行集成配套并转化推广；加大农业面源污染治理和废弃物高值化利用等先进适用、便捷的技术示范推广力度。发布生态种植养殖和秸秆综合利用等农业循环经济应用技术和产品名录。

（五）创新组织形式

鼓励农业循环经济产业链中的种养大户、家庭农场（林场）、农民专业合作社和农业、林业龙头企业等新型经营主体开展多种形式的联合和协作，共同推进统防统治、种养循环、农林牧渔结合和废弃物资源化利用，实现规模化、产业化、标准化、生态化、品牌化和设施化。发展新型农村生产经营组织，发挥龙头企业的带动作用，完善"公司+合作社+基地+农户"的组织形式，着力构建集约化、专业化、组织化、社会化相结合的新型农林牧渔循环经济生产经营模式。

（六）健全服务体系

培育和扶持一批为农业循环经济发展提供规划、设计、建设、改造、运行、技术咨询、推广、市场开发等服务的专业化机构。利用物联网、互联网+等现代化信息手段发展农业循环经济信息服务业。依托和发挥现有农技、植保、土肥、畜牧、渔业、兽医、农机化等农业推广服务机构和种子、农资等经营机构的作用，为农业循环经济发展提供专业化技术服务，推广循环农业标准和技术规范。重点推进农林废弃物处理利用、病虫草害统防统治、外来物种综合防控体系、农林产品加工副产物综合利用等市场化、社会化服务体系建设。加大对农业污染第三方治理机构的扶持力度。

（七）积极宣传推广

创新宣传方式，普及推广循环经济理念、技术和模式。组织开展形式多样、喜闻乐见的农业循环经济宣传教育活动，建设农业循环经济教育示范基地，重点宣传农林废弃物资源化利用、农产品加工副产物综合利用、农林生产节能减排等技术模式和农业循环经济发展典型经验及成果。从种植、养殖、渔业、林业等不同行业，总结凝练一批典型模式，加大示范推广力度。充分利用各地党校、行政学院、高等学校、职业技术学校及行业协会等力量，加强对管理部门、龙头企业、农民专业合作社、家庭农场（林场）等相关人员的农业循环经济知识和技术培训。

（八）加强统筹协调

各级循环经济发展综合管理部门、农业部门、林业部门要根据本意见和国家出台的相关规划，结合实际，科学谋划本区域农业循环经济发展，制定专项规划或纳入地方相关规划，明确重点任务、重点工程和推进措施。建立农业循环经济工作责任制，明确任务分工，加强沟通协调，研究出台支持政策。建立和完善农业循环经济发展的统计报告和评价制度。

国家发展改革委、农业部、国家林业局将加强协调，综合指导，统筹对重点工程给予支持，加快发展农业循环经济。

国家发展改革委

中华人民共和国农业部

国家林业局

2016 年 2 月 1 日

全国农业可持续发展规划（2015—2030年）

农业部　国家发展改革委

科技部　财政部　国土资源部　环境保护部

水利部　国家林业局关于印发《全国农业

可持续发展规划（2015—2030年）》的通知

农计发〔2015〕145号

各省、自治区、直辖市、计划单列市人民政府，新疆生产建设兵团：

农业关乎国家食物安全、资源安全和生态安全。大力推动农业可持续发展，是实现"五位一体"战略布局、建设美丽中国的必然选择，是中国特色新型农业现代化道路的内在要求。为指导全国农业可持续发展，编制本规划。

2015年5月20日

一、发展形势

（一）主要成就。

新世纪以来，我国农业农村经济发展成就显著，现代农业加快发展，物质技术装备水平不断提高，农业资源环境保护与生态建设支持力度不断加大，农业可持续发展取得了积极进展。

农业综合生产能力和农民收入持续增长。我国粮食生产实现历史性的"十一连增"，连续8年稳定在5亿吨以上，连续2年超过 6 亿吨。棉油糖、肉蛋奶、果菜鱼等农产品稳定增长，市场供应充足，农产品质量安全水平不断提高。农民收入持续较快增长，增速连续 5 年超过同期城镇居民收入增长。

农业资源利用水平稳步提高。严格控制耕地占用和水资源开发利用，推广实施了一批资源保护及高效利用新技术、新产品、新项目，水土资源利用效率不断提高。农田灌溉水用量占总用水比重由 2002 年的 61.4% 下降到 2013 年的 55%，有效利用系数由 0.44 提高到 2013 年的 0.52，粮食亩产由 293 公斤提高到 2014 年的 359 公斤。在地少水缺的条件下，资源利用水平的提高，为保证粮食等主要农产品有效供给作出了重要贡献。

农业生态保护建设力度不断加大。国家先后启动实施水土保持、退耕还林还草、退牧还草、防沙治沙、石漠化治理、草原生态保护补助奖励等一批重大工程和补助政策，加强农田、森林、草原、海洋生态系统保护与建设，强化外来物种入侵预防控制，全国农业生态恶化趋势初步得到遏制、局部地区出现好转。2013 年全国森林覆盖率达到 21.6%，全国草原综合植被盖度达 54.2%。

农村人居环境逐步改善。积极推进农村危房改造、游牧民定居、农村环境连片整治、标准化规模养殖、秸秆综合利用、农村沼气和农村饮水安全工程建设，加强生态村镇、美丽乡村创建和农村传统文化保护，发展休闲农业，农村人居环境逐步得到改善。截至 2014 年底，改造农村危房 1565 万户，定居游牧民 24.6 万户；5.9 万个村庄开展了环境整治，直接受益人口约 1.1 亿。

（二）面临挑战。

在我国农业农村经济取得巨大成就的同时，农业资源过度开发、农业投入品过量使用、地下水超采以及农业内外源污染相互叠加等带来的一系列问题日益凸显，农业可持续发展面临重大挑战。

资源硬约束日益加剧，保障粮食等主要农产品供给的任务更加艰巨。人多地少水缺是我国基本国情。全国新增建设用地占用耕地年均约 480 万亩，被占用耕地的土壤耕作层资源浪费严重，占补平衡补充耕地质量不高，守住 18 亿亩耕地红线的压力越来越大。耕地质量下降，黑土层变薄、土壤酸化、耕作层变浅等问题凸显。农田灌溉水有效利用系数比发达国家平均水平低 0.2，华北地下水超采严重。我国粮食等主要农产品需求刚性增长，水土资源越绷越紧，确保国家粮食安全和主要农产品有效供给与资源约束的矛盾日益尖锐。

环境污染问题突出，确保农产品质量安全的任务更加艰巨。工业"三废"和城市生活等外源污染向农业农村扩散，镉、汞、砷等重金属不断向农产品产地环境渗透，全国土壤主要污染物点位超标率为 16.1%。农业内源性污染严重，化肥、农药利用率不足三分之一，农膜回收率不足三分之二，畜禽粪污有效处理率不到一半，秸秆焚烧现象严重。海洋富营养化问题突出，赤潮、绿潮时有发生，渔业水域生态恶化。农村垃圾、污水处理严重不足。农业农村环境污染加重的态势，直接影响了农产品质量安全。

生态系统退化明显，建设生态保育型农业的任务更加艰巨。全国水土流失面积达 295 万平方公里，年均土壤侵蚀量 45 亿吨，沙化土地 173 万平方公里，石漠化面积 12 万平方公里。高强度、粗放式生产方式导致农田生态系统结构失衡、功能退化，农林、农牧复合生态系统亟待建立。草原超载过牧问题依然突出，草原生态总体恶化局面尚未根本扭转。湖泊、湿地面积萎缩，生态服务功能弱化。生物多样性受到严重威胁，濒危物种增多。生态系统退化，生态保育型农业发展面临诸多挑战。

体制机制尚不健全，构建农业可持续发展制度体系的任务更加艰巨。水土等资源资产管理体制机制尚未建立，山水林田湖等缺乏统一保护和修复。农业资源市场化配置机制尚未建立，特别是反映水资源稀缺程度的价格机制没有形成。循环农业发展激励机制不完善，种养业发展不协调，农业废弃物资源化利用率较低。农业生态补偿机制尚不健全。农业污染责任主体不明确，监管机制缺失，污染成本过低。全面反映经济社会价值的农业资源定价机制、利益补偿机制和奖惩机制的缺失和不健全，制约了农业资源合理利用和生态环境保护。

（三）发展机遇。

当前和今后一个时期，推进农业可持续发展面临前所未有的历史机遇。一是农业可持续发展的共识日益广泛。党的十八大将生态文明建设纳入"五位一体"的总体布局，为农业可持续发展指明了方向。全社会对资源安全、生态安全和农产品质量安全高度关注，绿色发展、循环发展、低碳发展理念深入人心，为农业可持续发展集聚了社会共识。二是农业可持续发展的物质基础日益雄厚。我国综合国力和财政实力不断增强，强农惠农富农政策力度持续加大，粮食等主要农产品连年增产，利用"两种资源、两个市场"、弥补国内农业资源不足的能力不断提高，为农业转方式、调结构提供了战略空间和物质保障。三是农业可持续发展的科技支撑日益坚实。传统农业技术精华广泛传承，现代生物技术、信息技术、新材料和先进装备等日新月异、广泛应用，生态农业、循环农业等技术模式不断集成创新，为农业可持续发展提供有力的技术支撑。四是农业可持续发展的制度保障日益完善。随着农村改革和生态文明体制改革稳步推进，法律法规体系不断健全，治理能力不断提升，将为农业可持续发展注入活力、提供保障。

"三农"是国家稳定和安全的重要基础。我们必须立足世情、国情、农情，抢抓机遇，应对挑战，全面实施农业可持续发展战略，努力实现农业强、农民富、农村美。

二、总体要求

（一）指导思想。

以邓小平理论、"三个代表"重要思想、科学发展观为指导，深入贯彻习近平总书记系列重要讲话精神，全面落实党的十八大和十八届二中、三中、四中全会精神，按照党中央、国务院各项决策部署，牢固树立生态文明理念，坚持产能为本、保育优先、创新驱动、依法治理、惠及民生、保障安全的指导方针，加快发展资源节约型、环境友好型和生态保育型农业，切实转变农业发展方式，从依靠拼资源消耗、拼农资投入、拼生态环境的粗放经营，尽快转到注重提高质量和效益的集约经营上来，确保国家粮食安全、农产品质量安全、生态安全和农民持续增收，努力走出一条中国特色农业可持续发展道路，为"四化同步"发展和全面建成小康社会提供坚实保障。

（二）基本原则。

坚持生产发展与资源环境承载力相匹配。坚守耕地红线、水资源红线和生态保护红线，优化农业生产力布局，提高规模化集约化水平，确保国家粮食安全和主要农产品有效供给。因地制宜，分区施策，妥善处理好农业生产与环境治理、生态修复的关系，适度有序开展农业资源休养生息，加快推进农业环境问题治理，不断加强农业生态保护与建设，促进资源永续利用，增强农业综合生产能力和防灾减灾能力，提升与资源承载能力和环境容量的匹配度。

坚持创新驱动与依法治理相协同。大力推进农业科技创新和体制机制创新，释放改革新红利，推进科学种养，着力增强创新驱动发展新动力，促进农业发展方式转变。强化法治观念和思维，完善农业资源环境与生态保护法律法规体系，实行最严格的制度、最严密的法治，依法促进创新、保护资源、治理环境，构建创新驱动和法治保障相得益彰的农业可持续发展支撑体系。

坚持当前治理与长期保护相统一。牢固树立保护生态环境就是保护生产力、改善生态环境就是发展生产力的理念，把生态建设与管理放在更加突出的位置，从当前突出问题入手，统筹利用国际国内两种资源，兼顾农业内源外源污染控制，加大保护治理力度，推动构建农业可持续发展长效机制，在发展中保护、在保护中发展，促进农业资源永续利用，农业环境保护水平持续提高，农业生态系统自我修复能力持续提升。

坚持试点先行与示范推广相统筹。充分认识农业可持续发展的综合性和系统性，统筹考虑不同区域不同类型的资源禀赋和生态环境，围绕存在的突出问题开展试点工作，着力解决制约农业可持续发展的技术难题，着力构建有利于促进农业可持续发展的运行机制，探索总结可复制、可推广的成功模式，因地制宜、循序渐进地扩大示范推广范围，稳步推进全国农业可持续发展。

坚持市场机制与政府引导相结合。按照"谁污染、谁治理"、"谁受益、谁付费"的要求，着力构建公平公正、诚实守信的市场环境，积极引导鼓励各类社会资源参与农业资源保护、环境治理和生态修复，着力调动农民、企业和社会各方面积极性，努力形成推进农业可持续发展的强大合力。政府在推动农业可持续发展中具有不可替代的作用，要切实履行好顶层设计、政策引导、投入支持、执法监管等方面的职责。

（三）发展目标。

到 2020 年，农业可持续发展取得初步成效，经济、社会、生态效益明显。农业发展方式转变取得积极进展，农业综合生产能力稳步提升，农业结构更加优化，农产品质量安全水平不断提高，农业资源保护水平与利用效率显著提高，农业环境突出问题治理取得阶段性成效，森林、草原、湖泊、湿地等生态系统功能得到有效恢复和增强，生物多样性衰减速度逐步减缓。

到 2030 年，农业可持续发展取得显著成效。供给保障有力、资源利用高效、产地环境良好、生态系统稳定、农民生活富裕、田园风光优美的农业可持续发展新格局基本确立。

三、重点任务

（一）优化发展布局，稳定提升农业产能。

优化农业生产布局。按照"谷物基本自给、口粮绝对安全"的要求，坚持因地制宜，宜农则农、宜牧则牧、宜林则林，逐步建立起农业生产力与资源环境承载力相匹配的农业生产新格局。在农业生产与水土资源匹配较好地区，稳定发展有比较优势、区域性特色农业；在资源过度利用和环境问题突出地区，适度休养，调整结构，治理污染；在生态脆弱区，实施退耕还林还草、退牧还草等措施，加大农业生态建设力度，修复农业生态系统功能。

加强农业生产能力建设。充分发挥科技创新驱动作用，实施科教兴农战略，加强农业科技自主创新、集成创新与推广应用，力争在种业和资源高效利用等技术领域率先突破，大力推广良种良法，到 2020 年农业科技进步贡献率达到 60% 以上，着力提高农业资源利用率和产出水平。大力发展农机装备，推进农机农艺融合，到 2020 年主要农作物耕种收综合机械化水平达到 68% 以上，加快实现粮棉油糖等大田作物生产全程机械化。着力加强农业基础设施建设，提高农业抗御自然灾害的能力。加强粮食仓储和转运设施建设，改善粮食仓储条件。发挥种养大户、家庭农场、农民合作社等新型经营主体的主力军作用，发展多种形式的适度规模经营，加强农业社会化服务，提高规模经营产出水平。

推进生态循环农业发展。优化调整种养业结构，促进种养循环、农牧结合、农林结合。支持粮食主产区发展畜牧业，推进"过腹还田"。积极发展草牧业，支持苜蓿和青贮玉米等饲草料种植，开展粮改饲和种养结合型循环农业试点。因地制宜推广节水、节肥、节药等节约型农业技术，以及"稻鱼共生"、"猪沼果"、林下经济等生态循环农业模式。到 2020 年国家现代农业示范区和粮食主产县基本实现区域内农业资源循环利用，到 2030 年全国基本实现农业废弃物趋零排放。

（二）保护耕地资源，促进农田永续利用。

稳定耕地面积。实行最严格的耕地保护制度，稳定粮食播种面积，严控新增建设占用耕地，确保耕地保有量在 18 亿亩以上，确保基本农田不低于 15.6 亿亩。划定永久基本农田，按照保护优先的原则，将城镇周边、交通沿线、粮棉油生产基地的优质耕地优先划为永久基本农田，实行永久保护。坚持耕地占补平衡数量与质量并重，全面推进建设占用耕地耕作层土壤剥离再利用。

提升耕地质量。采取深耕深松、保护性耕作、秸秆还田、增施有机肥、种植绿肥等土壤改良方式，增加土壤有机质，提升土壤肥力。恢复和培育土壤微生物群落，构建养分健康循环通道，促进农业废弃物和环境有机物分解。加强东北黑土地保护，减缓黑土层流失。开展土地整治、中低产田改造、农田水利设施建设，加大高标准农田建设力度，到 2020 年建成集中连片、旱涝保收的 8 亿亩高标准农田。到 2020 年和 2030 年全国耕地基础地力提升 0.5 个等级和 1 个等级以上，粮食产出率稳步提高。严格控制工矿企业排放和城市垃圾、污水等农业外源性污染。防治耕地重金属污染和有机污染，建立农产品产地土壤分级管理利用制度。

适度退减耕地。依据国务院批准的新一轮退耕还林还草总体方案，实施退耕还林还草，宜乔则乔、宜灌则灌、宜草则草，有条件的地方实行林草结合，增加植被盖度。

（三）节约高效用水，保障农业用水安全。

实施水资源红线管理。确立水资源开发利用控制红线，到 2020 年和 2030 年全国农业灌溉用水量分别保持在 3720 亿立方米和 3730 亿立方米。确立用水效率控制红线，到 2020 年和 2030 年农田灌溉水有效利用系数分别达到 0.55 和 0.6 以上。推进地表水过度利用和地下水超采区综合治理，适度退减灌溉面积。

推广节水灌溉。分区域规模化推进高效节水灌溉，加快农业高效节水体系建设，到 2020 年和 2030 年，农田有效灌溉率分别达到 55% 和 57%，节水灌溉率分别达到 64% 和 75%。发展节水农业，加大粮食主产区、严重缺水区和生态脆弱地区的节水灌溉工程建设力度，推广渠道防渗、管道输水、喷灌、微灌等节水灌溉技术，完善灌溉用水计量设施，到 2020 年发展高效节水灌溉面积 2.88 亿亩。加强现有大中型灌区骨干工程续建配套节水改造，强化小型农田水利工程建设和大中型灌区田间工程配套，增强农业抗旱能力和综合生产能力。积极推行农艺节水保墒技术，改进耕作方式，调整种植结构，推广抗旱品种。

发展雨养农业。在半干旱、半湿润偏旱区建设农田集雨、集雨窖等设施，推广地膜覆盖技术，开展粮草轮作、带状种植，推进种养结合。优化农作物种植结构，改良耕作制度，扩大优质耐旱高产品种种植面积，严格限制高耗水农作物种植面积，鼓励种植耗水少、附加值高的农作物。在水土流失易发地区，扩大保护性耕作面积。

（四）治理环境污染，改善农业农村环境。

防治农田污染。全面加强农业面源污染防控，科学合理使用农业投入品，提高使用效率，减少农业内源性污染。普及和深化测土配方施肥，改进施肥方式，鼓励使用有机肥、生物肥料和绿肥种植，到2020年全国测土配方施肥技术推广覆盖率达到90%以上，化肥利用率提高到40%，努力实现化肥施用量零增长。推广高效、低毒、低残留农药、生物农药和先进施药机械，推进病虫害统防统治和绿色防控，到2020年全国农作物病虫害统防统治覆盖率达到40%，努力实现农药施用量零增长；京津冀、长三角、珠三角等区域提前一年完成。建设农田生态沟渠、污水净化塘等设施，净化农田排水及地表径流。综合治理地膜污染，推广加厚地膜，开展废旧地膜机械化捡拾示范推广和回收利用，加快可降解地膜研发，到2030年农业主产区农膜和农药包装废弃物实现基本回收利用。开展农产品产地环境监测与风险评估，实施重度污染耕地用途管制，建立健全全国农业环境监测体系。

综合治理养殖污染。支持规模化畜禽养殖场（小区）开展标准化改造和建设，提高畜禽粪污收集和处理机械化水平，实施雨污分流、粪污资源化利用，控制畜禽养殖污染排放。到 2020 年和 2030 年养殖废弃物综合利用率分别达到 75% 和 90% 以上，规模化养殖场畜禽粪污基本资源化利用，实现生态消纳或达标排放。在饮用水水源保护区、风景名胜区等区域划定禁养区、限养区，全面完善污染治理设施建设。2017 年底前，依法关闭或搬迁禁养区内的畜禽养殖场（小区）和养殖专业户，京津冀、长三角、珠三角等区域提前一年完成。建设病死畜禽无害化处理设施，严格规范兽药、饲料添加剂生产和使用，健全兽药质量安全监管体系。严格控制近海、江河、湖泊、水库等水域的养殖容量和养殖密度，开展水产养殖池塘标准化改造和生态修复，推广高效安全复合饲料，逐步减少使用冰鲜杂鱼饵料。

改善农村环境。科学编制村庄整治规划，加快农村环境综合整治，保护饮用水水源，加强生活污水、垃圾处理，加快构建农村清洁能源体系。推进规模化畜禽养殖区和居民生活区的科学分离。禁止秸秆露天焚烧，推进秸秆全量化利用，到 2030 年农业主产区农作物秸秆得到全面利用。开展生态村镇、美丽乡村创建，保护和修复自然景观和田园景观，开展农户及院落风貌整治和村庄绿化美化，整乡整村推进农村河道综合治理。注重农耕文化、民俗风情的挖掘展示和传承保护，推进休闲农业持续健康发展。

（五）修复农业生态，提升生态功能。

增强林业生态功能。按照"西治、东扩、北休、南提"的思路，加快西部防沙治沙步伐，扩展东部林业发展的空间和内涵，开展北方天然林休养生息，提高南方林业质量和效益，全面提升林业综合生产能力和生态功能，到 2020 年森林覆盖率达到 23% 以上。加强天然林资源保护特别是公益林建设和后备森林资源培育。建立比较完善的平原农田防护林体系，到 2020 年和 2030 年全国农田林网控制率分别达到 90% 和 95% 以上。

保护草原生态。全面落实草原生态保护补助奖励机制，推进退牧还草、京津风沙源治理和草原防灾减灾。坚持基本草原保护制度，开展禁牧休牧、划区轮牧，推进草原改良和人工种草，促进草畜平衡，推动牧区草原畜牧业由传统的游牧向现代畜牧业转变。加快农牧交错带已垦草原治理，恢复草地生态。强化草原自然保护区建设。合理利用南方草地，保护和恢复南方高山草甸生态。到 2020 年和 2030 年全国草原综合植被盖度分别达到 56% 和 60%。

恢复水生生态系统。采取流域内节水、适度引水和调水、利用再生水等措施，增加重要湿地和河湖生态水量，实现河湖生态修复与综合治理。加强水生生物自然保护区和水产种质资源保护区建设，继续实施增殖放流，推进水产养殖生态系统修复，到 2020 年全国水产健康养殖面积占水产养殖面积的 65%，到 2030 年达到 90%。加大海洋渔业生态保护力度，严格控制捕捞强度，继续实施海洋捕捞渔船减船转产，更新淘汰高耗能渔船。加强自然海岸线保护，适度开发利用沿海滩涂，重要渔业海域禁止实施围填海，积极开展以人工鱼礁建设为载体的海洋牧场建设。严格实施海洋捕捞准用渔具和过渡渔具最小网目尺寸制度。

保护生物多样性。加强畜禽遗传资源和农业野生植物资源保护，加大野生动植物自然保护区建设力度，开展濒危动植物物种专项救护，完善野生动植物资源监测预警体系，遏制生物多样性减退速度。建立农业外来入侵生物监测预警体系、风险性分析和远程诊断系统，建设综合防治和利用示范基地，严格防范外来物种入侵。构建国家边境动植物检验检疫安全屏障，有效防范动植物疫病。

四、区域布局

针对各地农业可持续发展面临的问题，综合考虑各地农业资源承载力、环境容量、生态类型和发展基础等因素，将全国划分为优化发展区、适度发展区和保护发展区。按照因地制宜、梯次推进、分类施策的原则，确定不同区域的农业可持续发展方向和重点。

（一）优化发展区。

包括东北区、黄淮海区、长江中下游区和华南区，是我国大宗农产品主产区，农业生产条件好、潜力大，但也存在水土资源过度消耗、环境污染、农业投入品过量使用、资源循环利用程度不高等问题。要坚持生产优先、兼顾生态、种养结合，在确保粮食等主要农产品综合生产能力稳步提高的前提下，保护好农业资源和生态环境，实现生产稳定发展、资源永续利用、生态环境友好。

——东北区。以保护黑土地、综合利用水资源、推进农牧结合为重点，建设资源永续利用、种养产业融合、生态系统良性循环的现代粮畜产品生产基地。在典型黑土带，综合治理水土流失，实施保护性耕作，增施有机肥，推行粮豆轮作。到 2020 年，适宜地区深耕深松全覆盖，土壤有机质恢复提升，土壤保水保肥能力显著提高。在三江平原等水稻主产区，控制水田面积，限制地下水开采，改井灌为渠灌，到 2020 年渠灌比重提高到 50%，到 2030 年实现以渠灌为主。在农牧交错地带，积极推广农牧结合、粮草兼顾、生态循环的种养模式,种植青贮玉米和苜蓿,大力发展优质高产奶业和肉牛产业。推动适度规模化畜禽养殖,加大动物疫病区域化管理力度,推进"免疫无疫区"建设。在大小兴安岭等地区,加大森林草原保护建设力度,发挥其生态安全屏障作用,保护和改善农田生态系统。

——黄淮海区。以治理地下水超采、控肥控药和废弃物资源化利用为重点,构建与资源环境承载力相适应、粮食和"菜篮子"产品稳定发展的现代农业生产体系。在华北地下水严重超采区,因地制宜调整种植结构,适度压减高度依赖灌溉的作物种植;大力发展水肥一体化等高效节水灌溉,实行灌溉定额制度,加强灌溉用水水质管理,推行农艺节水和深耕深松、保护性耕作,到2020年地下水超采问题得到有效缓解。在淮河流域等面源污染较重地区,大力推广配方施肥、绿色防控技术,推行秸秆肥料化、饲料化利用;调整优化畜禽养殖布局,稳定生猪、肉禽和蛋禽生产规模,加强畜禽粪污处理设施建设,提高循环利用水平。在沿黄滩区因地制宜发展水产健康养殖。全面加强区域高标准农田建设,改造中低产田和盐碱地,配套完善农田林网。

——长江中下游区。以治理农业面源污染和耕地重金属污染为重点,建立水稻、生猪、水产健康安全生产模式,确保农产品质量,巩固农产品主产区供给地位,改善农业农村环境。科学施用化肥农药,通过建设拦截坝、种植绿肥等措施,减少化肥、农药对农田和水域的污染;推进畜禽养殖适度规模化,在人口密集区域适当减少生猪养殖规模,加快畜禽粪污资源化利用和无害化处理,推进农村垃圾和污水治理。加强渔业资源保护,大力发展滤食性、草食性净水鱼类和名优水产品生产,加大标准化池塘改造，推广水产健康养殖，积极开展增殖放流，发展稻田养鱼。严控工矿业污染排放，从源头上控制水体污染，确保农业用水水质。加强耕地重金属污染治理，增施有机肥，实施秸秆还田，施用钝化剂，建立缓冲带，优化种植结构，减轻重金属污染对农业生产的影响。到2020年，污染治理区食用农产品达标生产，农业面源污染扩大的趋势得到有效遏制。

——华南区。以减量施肥用药、红壤改良、水土流失治理为重点，发展生态农业、特色农业和高效农业，构建优质安全的热带亚热带农产品生产体系。大力开展专业化统防统治和绿色防控，推进化肥农药减量施用，治理水土流失，加大红壤改良力度，建设生态绿色的热带水果、冬季瓜菜生产基地。恢复林草植被，发展水源涵养林、用材林和经济林，减少地表径流，防止土壤侵蚀；改良山地草场，加快发展地方特色畜禽养殖。加强天然渔业资源养护、水产原种保护和良种培育，扩大增殖放流规模，推广水产健康养殖。到2020年，农业资源高效利用，生态农业建设取得实质性进展。

（二）适度发展区。

包括西北及长城沿线区、西南区，农业生产特色鲜明，但生态脆弱，水土配置错位，资源性和工程性缺水严重，资源环境承载力有限，农业基础设施相对薄弱。要坚持保护与发展并重，立足资源环境禀赋，发挥优势、扬长避短，适度挖掘潜力、集约节约、有序利用，提高资源利用率。

——西北及长城沿线区。以水资源高效利用、草畜平衡为核心，突出生态屏障、特色产区、稳农增收三大功能，大力发展旱作节水农业、草食畜牧业、循环农业和生态农业，加强中低产田改造和盐碱地治理，实现生产、生活、生态互利共赢。在雨养农业区，实施压夏扩秋，调减小麦种植面积，提高小麦单产，扩大玉米、马铃薯和牧草种植面积，推广地膜覆盖等旱作农业技术，建立农膜回收利用机制，逐步实现基本回收利用。修建防护林带，增强水源涵养功能。在绿洲农业区，大力发展高效节水灌溉，实施续建配套与节水改造，完善田间灌排渠系，增加节水灌溉面积，到2020年实现节水灌溉全覆盖，并在严重缺水地区实行退地减水，严格控制地下水开采。在农牧交错区，推进粮草兼顾型农业结构调整，通过坡耕地退耕还草、粮草轮作、种植结构调整、已垦草原恢复等形式，挖掘饲草料生产潜力，推进草食畜牧业发展。在草原牧区，继续实施退牧还草工程，保护天然草原，实行划区轮牧、禁牧、舍饲圈养，控制草原鼠虫害，恢复草原生态。

——西南区。突出小流域综合治理、草地资源开发利用和解决工程性缺水，在生态保护中发展特色农业，实现生态效益和经济效益相统一。通过修筑梯田、客土改良、建设集雨池，防止水土流失，推进石漠化综合治理，到2020年治理石漠化面积40%以上。加强林草植被的保护和建设，发展水土保持林、水源涵养林和经济林，开展退耕还林还草，鼓励人工种草，合理开发利用草地资源，发展生态畜牧业。严格保护平坝水田，稳定水稻、玉米面积，扩大马铃薯种植，发展高山夏秋冷凉特色农作物生产。

（三）保护发展区。

包括青藏区和海洋渔业区，在生态保护与建设方面具有特殊重要的战略地位。青藏区是我国大江大河的发源地和重要的生态安全屏障，高原特色农业资源丰富，但生态十分脆弱。海洋渔业区发展较快，也存在着渔业资源衰退、污染突出的问题。要坚持保护优先、限制开发，适度发展生态产业和特色产业，让草原、海洋等资源得到休养生息，促进生态系统良性循环。

——青藏区。突出三江源头自然保护区和三江并流区的生态保护，实现草原生态整体好转，构建稳固的国家生态安全屏障。保护基本口粮田，稳定青稞等高原特色粮油作物种植面积，确保区域口粮安全，适度发展马铃薯、油菜、设施蔬菜等产品生产。继续实施退牧还草工程和草原生态保护补助奖励机制，保护天然草场，积极推行舍饲半舍饲养殖，以草定畜，实现草畜平衡，有效治理鼠虫害、毒草，遏制草原退化趋势。适度发展牦牛、绒山羊、藏系绵羊为主的高原生态畜牧业，加强动物防疫体系建设，保护高原特有鱼类。

——海洋渔业区。严格控制海洋渔业捕捞强度，限制海洋捕捞机动渔船数量和功率，加强禁渔期监管。稳定海水养殖面积，改善近海水域生态质量，大力开展水生生物资源增殖和环境修复，提升渔业发展水平。积极发展海洋牧场，保护海洋渔业生态。到2020年，海洋捕捞机动渔船数量和总功率明显下降。

五、重大工程

围绕重点建设任务，以最急需、最关键、最薄弱的环节和领域为重点，统筹安排中央预算内投资和财政资金，调整盘活财政支农存量资金，安排增量资金，积极引导带动地方和社会投入，组织实施一批重大工程，全面夯实农业可持续发展的物质基础。

（一）水土资源保护工程。

高标准农田建设项目。以粮食主产区、非主产区产粮大县为重点，兼顾棉花、油料、糖料等重要农产品优势产区，开展土地平整，建设田间灌排沟渠及机井、节水灌溉、小型集雨蓄水、积肥设施等基础设施，修建农田道路、农田防护林、输配电设施，推广应用先进适用耕作技术。

耕地质量保护与提升项目。在全国范围内分区开展土壤改良、地力培肥和养分平衡，防止耕地退化，提高耕地基础地力和产出能力。在东北区开展黑土地保护，实施深耕深松、秸秆还田、培肥地力，配套有机肥堆沤场，推广粮豆轮作；防治水土流失，实施改垄、修建等高地埂植物带、推进等高种植和建设防护林带等措施。在黄淮海区开展秸秆还田、深耕深松、砂礓黑土改良、水肥一体化、种植结构调整和土壤盐渍化治理。在长江中下游区及华南区开展绿肥种植、增施有机肥、秸秆还田、冬耕翻土晒田、施用石灰深耕改土等。开展建设占用耕地的耕作层剥离试点，剥离的耕作层重点用于土地开发复垦、中低产田改造等。

耕地重金属污染治理项目。在南方水稻产区等重金属污染突出区域，改造现有灌溉沟渠，修建植物隔离带或人工湿地缓冲带，减低灌溉水源中重金属含量；在轻中度污染区实施以农艺技术为主的修复治理，改种低积累水稻、玉米等粮食作物和经济作物，在重度污染区改种非食用作物或高富集树种；完善土壤改良配套设施，建设有机肥、钝化剂等野外配制场所，配备重度污染区农作物秸秆综合利用设施设备。

水土保持与坡耕地改造项目。以小流域为单元，以水源保护为中心，配套修建塘坝窖池，配合实施沟道整治和小型蓄水保土工程，加强生态清洁小流域建设。在水土流失严重、人口密度大、坡耕地集中地区，尤其是关中盆地、四川盆地以及南方部分地区，建设坡改梯及其配套工程。

高效节水项目。加强大中型灌区续建配套节水改造建设，改善灌溉条件。在西北地区改造升级现有滴灌设施，新建一批玉米、林果等喷灌、滴灌设施，推广全膜双垄沟播等旱作节水技术。在东北地区西部推行滴灌等高效节水灌溉，水稻区推广控制灌溉等节水措施。在黄淮海区重点发展井灌区管道输水灌溉，推广喷灌、微灌、集雨节灌和水肥一体化技术。在南方地区发展管道输水灌溉，加快水稻节水防污型灌区建设。

地表水过度开发和地下水超采区治理项目。在地表水源有保障、基础条件较好地区积极发展水肥一体化等高效节水灌溉。在地表水和地下水资源过度开发地区，退减灌溉面积，调整种植结构，减少高耗水作物种植面积，进一步加大节水力度，实施地下水开采井封填、地表水取水口调整处置和用水监测、监控措施。在具备条件的地区，可适度采取地表水替代地下水灌溉。

农业资源监测项目。充分利用现有资源，建设和完善遥感、固定观测和移动监测等一体化的农业资源监测体系，建立耕地质量和土壤墒情、重金属污染、农业面源污染、土壤环境监测网点，建立土壤样品库、信息中心和耕地质量数据平台，健全农业灌溉用水、地表水和地下水监测监管体系，建设农业资源环境大数据中心，推动农业资源数据共建共享。

（二）农业农村环境治理工程。

畜禽粪污综合治理项目。在污染严重的规模化生猪、奶牛、肉牛养殖场和养殖密集区，按照干湿分离、雨污分流、种养结合的思路，建设一批畜禽粪污原地收集储存转运、固体粪便集中堆肥或能源化利用、污水高效生物处理等设施和有机肥加工厂。在畜禽养殖优势省区，以县为单位建设一批规模化畜禽养殖场废弃物处理与资源化利用示范点、养殖密集区畜禽粪污处理和有机肥生产设施。

化肥农药氮磷控源治理项目。在典型流域，推广测土配方施肥技术，增施有机肥，推广高效肥和化肥深施、种肥同播等技术；实施平缓型农田氮磷净化，开展沟渠整理，清挖淤泥，加固边坡，合理配置水生植物群落，配置格栅和透水坝；实施坡耕地氮磷拦截再利用，建设坡耕地生物拦截带和径流集蓄再利用设施。实施农药减量控害，推进病虫害专业化统防统治和绿色防控，推广高效低毒农药和高效植保机械。

农膜和农药包装物回收利用项目。在农膜覆盖量大、残膜问题突出的地区，加快推广使用加厚地膜和可降解农膜，集成示范推广农田残膜捡拾、回收相关技术，建设废旧地膜回收网点和再利用加工厂，建设一批农田残膜回收与再利用示范县。在农药使用量大的农产品优势区，建设一批农药包装废弃物回收站和无害化处理站，建立农药包装废弃物处置和危害管理平台。

秸秆综合利用项目。实施秸秆机械还田、青黄贮饲料化利用，实施秸秆气化集中供气、供电和秸秆固化成型燃料供热、材料化致密成型等项目。配置秸秆还田深翻、秸秆粉碎、捡拾、打包等机械，建立健全秸秆收储运体系。

农村环境综合整治项目。采取连片整治的推进方式，综合治理农村环境，建立村庄保洁制度，建设生活污水、垃圾、粪便等处理和利用设施设备，保护农村饮用水水源地。实施沼气集中供气，推进农村省柴节煤炉灶炕升级换代，推广清洁炉灶、可再生能源和产品。

（三）农业生态保护修复工程。

新一轮退耕还林还草项目。在符合条件的 25 度以上坡耕地、严重沙化耕地和重要水源地 15–25 度坡耕地，实施新一轮退耕还林还草，在农民自愿的前提下植树种草。按照适地适树的原则，积极发展木本粮油。

草原保护与建设项目。继续实施天然草原退牧还草、京津风沙源草地治理、三江源生态保护与建设等工程，开展草原自然保护区建设和南方草地综合治理，建设草原灾害监测预警、防灾物资保障及指挥体系等基础设施。到 2020 年，改良草原 9 亿亩，人工种草 4.5 亿亩。在农牧交错带开展已垦草原治理，平整弃耕地，建设旱作优质饲草基地，恢复草原植被。开展防沙治沙建设，保护现有植被，合理调配生态用水，固定流动和半流动沙丘。

石漠化治理项目。在西南地区，重点开展封山育林育草、人工造林和草地建设，建设和改造坡耕地，配套相应水利水保设施。在石漠化严重地区，开展农村能源建设和易地扶贫搬迁，控制人为因素产生新的石漠化现象。

湿地保护项目。继续强化湿地保护与管理，建设国际重要湿地、国家重要湿地、湿地自然保护区、湿地公园以及湿地多用途管理区。通过退耕还湿、湿地植被恢复、栖息地修复、生态补水等措施，对已垦湿地以及周边退化湿地进行治理。

水域生态修复项目。在淡水渔业区，推进水产养殖污染减排，升级改造养殖池塘，改扩建工厂化循环水养殖设施，对湖泊水库的规模化网箱养殖配备环保网箱、养殖废水废物收集处理设施。在海洋渔业区，配置海洋渔业资源调查船，建设人工鱼礁、海藻场、海草床等基础设施，发展深水网箱养殖。继续实施渔业转产转业及渔船更新改造项目，加大减船转产力度。在水源涵养区，综合运用截污治污、河湖清淤、生物控制等，整治生态河道和农村沟塘，改造渠化河道，推进水生态修复。开展水生生物资源环境调查监测和增殖放流。

农业生物资源保护项目。建设一批农业野生植物原生境保护区、国家级畜禽种质资源保护区、水产种质资源保护区、水生生物自然保护区和外来入侵物种综合防控区，建立农业野生生物资源监测预警中心、基因资源鉴定评价中心和外来入侵物种监测网点，强化农业野生生物资源保护。

（四）试验示范工程。

农业可持续发展试验示范区建设项目。选择不同农业发展基础、资源禀赋、环境承载能力的区域，建设东北黑土地保护、西北旱作区农牧业可持续发展、黄淮海地下水超采综合治理、长江中下游耕地重金属污染综合治理、西南华南石漠化治理、西北农牧交错带草食畜牧业发展、青藏高原草地生态畜牧业发展、水产养殖区渔业资源生态修复、畜禽污染治理、农业废弃物循环利用等10个类型的农业可持续发展试验示范区。加强相关农业园区之间的衔接，优先在具备条件的国家现代农业示范区、国家农业科技园区内开展农业可持续发展试验示范工作。通过集成示范农业资源高效利用、环境综合治理、生态有效保护等领域先进适用技术，探索适合不同区域的农业可持续发展管理与运行机制，形成可复制、可推广的农业可持续发展典型模式，打造可持续发展农业的样板。

六、保障措施

（一）强化法律法规。

完善相关法律法规和标准。研究制修订土壤污染防治法以及耕地质量保护、黑土地保护、农药管理、肥料管理、基本草原保护、农业环境监测、农田废旧地膜综合治理、农产品产地安全管理、农业野生植物保护等法规规章，强化法制保障。完善农业和农村节能减排法规体系，健全农业各产业节能规范、节能减排标准体系。制修订耕地质量、土壤环境质量、农用地膜、饲料添加剂重金属含量等标准，为生态环境保护与建设提供依据。

加大执法与监督力度。健全执法队伍，整合执法力量，改善执法条件。落实农业资源保护、环境治理和生态保护等各类法律法规，加强跨行政区资源环境合作执法和部门联动执法，依法严惩农业资源环境违法行为。开展相关法律法规执行效果的监测与督察，健全重大环境事件和污染事故责任追究制度及损害赔偿制度。

（二）完善扶持政策。

加大投入力度。健全农业可持续发展投入保障体系，推动投资方向由生产领域向生产与生态并重转变，投资重点向保障国家粮食安全和主要农产品供给、推进农业可持续发展倾斜。充分发挥市场配置资源的决定性作用，鼓励引导金融资本、社会资本投向农业资源利用、环境治理和生态保护等领域，构建多元化投入机制。完善财政等激励政策，落实税收政策，推行第三方运行管理、政府购买服务、成立农村环保合作社等方式，引导各方力量投向农村资源环境保护领域。将农业环境问题治理列入利用外资、发行企业债券的重点领域，扩大资金来源渠道。切实提高资金管理和使用效益，健全完善监督检查、绩效评价和问责机制。

健全完善扶持政策。继续实施并健全完善草原生态保护补助奖励、测土配方施肥、耕地质量保护与提升、农作物病虫害专业化统防统治和绿色防控、农机具购置补贴、动物疫病防控、病死畜禽无害化处理补助、农产品产地初加工补助等政策。研究实施精准补贴等措施，推进农业水价综合改革。建立健全农业资源生态修复保护政策。支持优化粮饲种植结构，开展青贮玉米和苜蓿种植、粮豆粮草轮作；支持秸秆还田、深耕深松、生物炭改良土壤、积造施用有机肥、种植绿肥；支持推广使用高标准农膜，开展农膜和农药包装废弃物回收再利用。继续开展渔业增殖放流，落实好公益林补偿政策，完善森林、湿地、水土保持等生态补偿制度。建立健全江河源头区、重要水源地、重要水生态修复治理区和蓄滞洪区生态补偿机制。完善优质安全农产品认证和农产品质量安全检验制度，推进农产品质量安全信息追溯平台建设。

（三）强化科技和人才支撑。

加强科技体制机制创新。加强农业可持续发展的科技工作，在种业创新、耕地地力提升、化学肥料农药减施、高效节水、农田生态、农业废弃物资源化利用、环境治理、气候变化、草原生态保护、渔业水域生态环境修复等方面推动协同攻关，组织实施好相关重大科技项目和重大工程。创新农业科研组织方式，建立全国农业科技协同创新联盟，依托国家农业科技园区及其联盟，进一步整合科研院所、高校、企业的资源和力量。健全农业科技创新的绩效评价和激励机制。充分利用市场机制，吸引社会资本、资源参与农业可持续发展科技创新。

促进成果转化。建立科技成果转化交易平台，按照利益共享、风险共担的原则，积极探索"项目+基地+企业"、"科研院所+高校+生产单位+龙头企业"等现代农业技术集成与示范转化模式。进一步加大基层农技推广体系改革与建设力度。创新科技成果评价机制，按照规定对于在农业可持续发展领域有突出贡献的技术人才给予奖励。

强化人才培养。依托农业科研、推广项目和人才培训工程，加强资源环境保护领域农业科技人才队伍建设。充分利用农业高等教育、农民职业教育等培训渠道，培养农村环境监测、生态修复等方面的技能型人才。在新型职业农民培育及农村实用人才带头人示范培训中，强化农业可持续发展的理念和实用技术培训，为农业可持续发展提供坚实的人才保障。

加强国际技术交流与合作。借助多双边和区域合作机制，加强国内农业资源环境与生态等方面的农业科技交流合作，加大国外先进环境治理技术的引进、消化、吸收和再创新力度。

（四）深化改革创新。

推进农业适度规模经营。坚持和完善农村基本经营制度，坚持农民家庭经营主体地位，引导土地经营权规范有序流转，支持种养大户、家庭农场、农民合作社、产业化龙头企业等新型经营主体发展，推进多种形式适度规模经营。现阶段，对土地经营规模相当于当地户均承包地面积 10-15 倍，务农收入相当于当地二、三产业务工收入的给予重点支持。积极稳妥地推进农村土地制度改革，允许农民以土地经营权入股发展农业产业化经营。

健全市场化资源配置机制。建立健全农业资源有偿使用和生态补偿机制。推进农业水价改革，制定水权转让、交易制度，建立合理的农业水价形成机制，推行阶梯水价，引导节约用水。建立农业碳汇交易制度，促进低碳发展。培育从事农业废弃物资源化利用和农业环境污染治理的专业化企业和组织，探索建立第三方治理模式，实现市场化有偿服务。

树立节能减排理念。引导全社会树立勤俭节约、保护生态环境的观念，改变不合理的消费和生活方式。发展低碳经济，践行科学发展。加大宣传力度，倡导科学健康的膳食结构，减少食物浪费。鼓励企业和农户增强节能减排意识，按照减量化和资源化的要求，降低能源消耗，减少污染排放，充分利用农业废弃物，自觉履行绿色发展、建设节约型社会的责任。

建立社会监督机制。发挥新闻媒体的宣传和监督作用，保障对农业生态环境的知情权、参与权和监督权，广泛动员公众、非政府组织参与保护与监督。逐步推行农业生态环境公告制度，健全农业环境污染举报制度，广泛接受社会公众的监督。

（五）用好国际市场和资源。

合理利用国际市场。依据国内资源环境承载力、生产潜能和农产品需求，确定合理的自给率目标和农产品进口优先序，合理安排进口品种和数量，把握好进口节奏，保持国内市场稳定，缓解国内资源环境压力。加强进口农产品检验检疫和质量监督管理，完善农业产业损害风险评估机制，积极参与国际与区域农业政策以及农业国际标准制定。

提升对外开放质量。引导企业投资境外农业，提高国际影响力。培育具有国际竞争力的粮棉油等大型企业，支持到境外特别是与周边国家开展互利共赢的农业生产和贸易合作，完善相关政策支持体系。

（六）加强组织领导。

建立部门协调机制。建立由有关部门参加的农业可持续发展部门协调机制，加强组织领导和沟通协调，明确工作职责和任务分工，形成部门合力。省级人民政府要围绕规划目标任务，统筹谋划，强化配合，抓紧制定地方农业可持续发展规划，积极推动重大政策和重点工程项目的实施，确保规划落到实处。

完善政绩考核评价体系。创建农业可持续发展的评价指标体系，将耕地红线、资源利用与节约、环境治理、生态保护纳入地方各级政府绩效考核范围。对领导干部实行自然资源资产离任审计，建立生态破坏和环境污染责任终身追究制度和目标责任制，为农业可持续发展提供保障。

国务院办公厅关于推进农业高新技术
产业示范区建设发展的指导意见

国办发〔2018〕4 号

各省、自治区、直辖市人民政府，国务院各部委、各直属机构：

1997 年和 2015 年，国务院分别批准建立杨凌、黄河三角洲农业高新技术产业示范区。在各方共同努力下，我国农业高新技术产业示范区（以下简称示范区）建设取得明显成效，在抢占现代农业科技制高点、引领带动现代农业发展、培育新型农业经营主体等方面发挥了重要作用，但也面临发展不平衡不充分、高新技术产业竞争力有待提高等问题。为加快推进示范区建设发展，提高农业综合效益和竞争力，大力推进农业农村现代化，经国务院同意，现提出以下意见。

一、总体要求

（一）指导思想。全面贯彻党的十九大精神，以习近平新时代中国特色社会主义思想为指导，认真落实党中央、国务院决策部署，统筹推进"五位一体"总体布局和协调推进"四个全面"战略布局，牢固树立和贯彻落实新发展理念，以实施创新驱动发展战略和乡村振兴战略为引领，以深入推进农业供给侧结构性改革为主线，以服务农业增效、农民增收、农村增绿为主攻方向，统筹示范区建设布局，充分发挥创新高地优势，集聚各类要素资源，着力打造农业创新驱动发展的先行区和农业供给侧结构性改革的试验区。

（二）基本原则。

坚持创新驱动。以科技创新为引领，构建以企业为主体的创新体系，促进农业科技成果集成、转化，培育农业高新技术企业、发展农业高新技术产业，通过试验示范将科研成果转化为现实生产力，更好为农业农村发展服务，走质量兴农之路。

深化体制改革。以改革创新为动力，加大科技体制机制改革力度，打造农业科技体制改革"试验田"，进一步整合科研力量，深入推进"放管服"改革，充分调动各方面积极性，着力激发农业科技创新活力。

突出问题导向。以国家战略为指引，主动适应当前农产品供需形势变化，针对制约区域发展的突出问题，围绕农业生产经营需求，加强科研创新，强化协同攻关，坚持差异化、特色化发展，增强农业可持续发展能力。

推动融合发展。以提质增效为重点，推进农村一二三产业融合发展，充分发挥溢出效应，提升农业技术水平，加快构建现代农业产业体系，促进城乡一体化建设，辐射带动农业农村发展，实现农业强、农村美、农民富，为乡村全面振兴提供有力支撑。

（三）主要目标。到 2025 年，布局建设一批国家农业高新技术产业示范区，打造具有国际影响力的现代农业创新高地、人才高地、产业高地。探索农业创新驱动发展路径，显著提高示范区土地产出率、劳动生产率和绿色发展水平。坚持一区一主题，依靠科技创新，着力解决制约我国农业发展的突出问题，形成可复制、可推广的模式，提升农业可持续发展水平，推动农业全面升级、农村全面进步、农民全面发展。

二、重点任务

（一）培育创新主体。研究制定农业创新型企业评价标准，培育一批研发投入大、技术水平高、综合效益好的农业创新型企业。以"星创天地"为载体，推进大众创业、万众创新，鼓励新型职业农民、大学生、返乡农民工、留学归国人员、科技特派员等成为农业创业创新的生力军。支持家庭农场、农民合作社等新型农业经营主体创业创新。

（二）做强主导产业。按照一区一主导产业的定位，加大高新技术研发和推广应用力度，着力提升主导产业技术创新水平，打造具有竞争优势的农业高新技术产业集群。加强特色优势产业关键共性技术攻关，着力培育现代农业发展和经济增长新业态、新模式，增强示范区创新能力和发展后劲。强化"农业科技创新+产业集群"发展路径，提高农业产业竞争力，推动向产业链中高端延伸。

（三）集聚科教资源。推进政产学研用创紧密结合，完善各类研发机构、测试检测中心、新农村发展研究院、现代农业产业科技创新中心等创新服务平台，引导高等学校、科研院所的科技资源和人才向示范区集聚。健全新型农业科技服务体系，创新农技推广服务方式，探索研发与应用无缝对接的有效办法，支持科技成果在示范区内转化、应用和示范。

（四）培训职业农民。加大培训投入，整合培训资源，增强培训能力，创新培训机制，建设具有区域特点的农民培训基地，提升农民职业技能，优化农业从业者结构。鼓励院校、企业和社会力量开展专业化教育，培养更多爱农业、懂技术、善经营的新型职业农民。

（五）促进融合共享。推进农村一二三产业融合发展，加快转变农业发展方式。积极探索农民分享二三产业增值收益的机制，促进农民增收致富，增强农民的获得感。推动城乡融合发展，推进区域协同创新，逐步缩小城乡差距，打造新型"科技+产业+生活"社区，建设美丽乡村。

（六）推动绿色发展。坚持绿色发展理念，发展循环生态农业，推进农业资源高效利用，打造水体洁净、空气清新、土壤安全的绿色环境。加大生态环境保护力度，提高垃圾和污水处理率，正确处理农业绿色发展和生态环境保护、粮食安全、农民增收的关系，实现生产生活生态的有机统一。

（七）强化信息服务。促进信息技术与农业农村全面深度融合，发展智慧农业，建立健全智能化、网络化农业生产经营体系，提高农业生产全过程信息管理服务能力。加快建立健全适应农产品电商发展的标准体系，支持农产品电商平台建设和乡村电商服务示范，推进农业农村信息化建设。

（八）加强国际合作。结合"一带一路"建设和农业"走出去"，统筹利用国际国内两个市场、两种资源，提升示范区国际化水平。加强国际学术交流和技术培训，国家引进的农业先进技术、先进模式优先在示范区转移示范。依托示范区合作交流平台，推动装备、技术、标准、服务"走出去"，提高我国农业产业国际竞争力。

三、政策措施

（一）完善财政支持政策。中央财政通过现有资金和政策渠道，支持公共服务平台建设、农业高新技术企业孵化、成果转移转化等，推动农业高新技术产业发展。各地要按规定统筹支持农业科技研发推广的相关资金并向示范区集聚，采取多种形式支持农业高新技术产业发展。

（二）创新金融扶持政策。综合采取多种方式引导社会资本和地方政府在现行政策框架下设立现代农业领域创业投资基金，支持农业科技成果在示范区转化落地；通过政府和社会资本合作（PPP）等模式，吸引社会资本向示范区集聚，支持示范区基础设施建设；鼓励社会资本在示范区所在县域使用自有资金参与投资组建村镇银行等农村金融机构。创新信贷投放方式，鼓励政策性银行、开发性金融机构和商业性金融机构，根据职能定位和业务范围为符合条件的示范区建设项目和农业高新技术企业提供信贷支持。引导风险投资、保险资金等各类资本为符合条件的农业高新技术企业融资提供支持。

（三）落实土地利用政策。坚持依法供地，在示范区内严禁房地产开发，合理、集约、高效利用土地资源。在土地利用年度计划中，优先安排农业高新技术企业和产业发展用地，明确"规划建设用地"和"科研试验、示范农业用地（不改变土地使用性质）"的具体面积和四至范围（以界址点坐标控制）。支持指导示范区在落实创新平台、公共设施、科研教学、中试示范、创业创新等用地时，用好用足促进新产业新业态发展和大众创业、万众创新的用地支持政策，将示范区建设成为节约集约用地的典范。

（四）优化科技管理政策。在落实好国家高新技术产业开发区支持政策、高新技术企业税收优惠政策等现有政策的基础上，进一步优化科技管理政策，推动农业企业提升创新能力。完善科技成果评价评定制度和农业科技人员报酬激励机制。将示范区列为"创新人才推进计划"推荐渠道，搭建育才引才荐才用才平台。

四、保障机制

（一）加强组织领导。科技部等有关部门要建立沟通协调机制，明确分工，协同配合，形成合力，抓好贯彻落实。各地要根据国务院统一部署，创新示范区管理模式，探索整合集约、精简高效的运行机制，以评促建、以建促管、建管并重，全面提升示范区发展质量和水平。

（二）规范创建流程。坚持高标准、严要求，科学合理布局。由省（区、市）人民政府制定示范区建设发展规划和实施方案并向国务院提出申请，科技部会同有关部门从示范区功能定位、区域代表性等方面对规划和方案进行评估，按程序报国务院审批。

（三）做好监测评价。健全监测评价机制，建立创新驱动导向的评价指标体系，加强对创新能力、高新技术产业培育、绿色可持续发展等方面的考核评价。定期开展建设发展情况监测，建立有进有退的管理机制。加强监督指导，不断完善激励机制，切实保障示范区建设发展质量。

国务院办公厅

2018 年 1 月 16 日

国土资源部　农业部关于进一步
支持设施农业健康发展的通知

国土资发〔2014〕127号

各省、自治区、直辖市国土资源主管部门，农业（农牧、农村经济、农机、畜牧、兽医、农垦、加工、渔业厅（局、委、办），新疆生产建设兵团国土资源局、农业局：

为适应现代农业发展需要，促进设施农业健康有序发展，2010年，国土资源部、农业部下发《关于完善设施农用地管理有关问题的通知》（国土资发〔2010〕155号），明确了设施农用地管理有关要求和支持政策。但随着现代农业和土地规模化经营不断发展，需要进一步完善现行的设施农用地政策，规范用地管理。现就有关问题通知如下：

一、合理界定设施农用地范围

根据现代农业生产特点，从有利于支持设施农业和规模化粮食生产发展、规范用地管理出发，将设施农用地具体划分为生产设施用地、附属设施用地以及配套设施用地。

（一）进一步明确生产设施用地。生产设施用地是指在设施农业项目区域内，直接用于农产品生产的设施用地。包括：

1、工厂化作物栽培中有钢架结构的玻璃或PC板连栋温室用地等；

2、规模化养殖中畜禽舍（含场区内通道）、畜禽有机物处置等生产设施及绿化隔离带用地；

3、水产养殖池塘、工厂化养殖池和进排水渠道等水产养殖的生产设施用地；

4、育种育苗场所、简易的生产看护房（单层，小于 15 平方米）用地等。

（二）合理确定附属设施用地。附属设施用地是指直接用于设施农业项目的辅助生产的设施用地。包括：

1、设施农业生产中必需配套的检验检疫监测、动植物疫病虫害防控等技术设施以及必要管理用房用地；

2、设施农业生产中必需配套的畜禽养殖粪便、污水等废弃物收集、存储、处理等环保设施用地，生物质（有机）肥料生产设施用地；

3、设施农业生产中所必需的设备、原料、农产品临时存储、分拣包装场所用地，符合"农村道路"规定的场内道路等用地。

（三）严格确定配套设施用地。配套设施用地是指由农业专业大户、家庭农场、农民合作社、农业企业等，从事规模化粮食生产所必需的配套设施用地。包括：晾晒场、粮食烘干设施、粮食和农资临时存放场所、大型农机具临时存放场所等用地。

各地应严格掌握上述要求，严禁随意扩大设施农用地范围，以下用地必须依法依规按建设用地进行管理：经营性粮食存储、加工和农机农资存放、维修场所；以农业为依托的休闲观光度假场所、各类庄园、酒庄、农家乐；以及各类农业园区中涉及建设永久性餐饮、住宿、会议、大型停车场、工厂化农产品加工、展销等用地。

二、积极支持设施农业发展用地

（一）设施农业用地按农用地管理。生产设施、附属设施和配套设施用地直接用于或者服务于农业生产，其性质属于农用地，按农用地管理，不需办理农用地转用审批手续。生产结束后，经营者应按相关规定进行土地复垦，占用耕地的应复垦为耕地。

非农建设占用设施农用地的，应依法办理农用地转用审批手续，农业设施兴建之前为耕地的，非农建设单位还应依法履行耕地占补平衡义务。

（二）合理控制附属设施和配套设施用地规模。进行工厂化作物栽培的，附属设施用地规模原则上控制在项目用地规模 5%以内，但最多不超过 10 亩；规模化畜禽养殖的附属设施用地规模原则上控制在项目用地规模 7%以内（其中，规模化养牛、养羊的附属设施用地规模比例控制在 10%以内），但最多不超过 15 亩；水产养殖的附属设施用地规模原则上控制在项目用地规模 7%以内，但最多不超过 10 亩。

根据规模化粮食生产需要合理确定配套设施用地规模。南方从事规模化粮食生产种植面积 500 亩、北方 1000 亩以内的，配套设施用地控制在 3 亩以内；超过上述种植面积规模的，配套设施用地可适当扩大，但最多不得超过 10 亩。

（三）引导设施建设合理选址。各地要依据农业发展规划和土地利用总体规划，在保护耕地、合理利用土地的前提下，积极引导设施农业和规模化粮食生产发展。设施建设应尽量利用荒山荒坡、滩涂等未利用地和低效闲置的土地，不占或少占耕地。确需占用耕地的，应尽量占用劣质耕地，避免滥占优质耕地，同时通过耕作层土壤剥离利用等工程技术等措施，尽量减少对耕作层的破坏。

对于平原地区从事规模化粮食生产涉及的配套设施建设，选址确实难以安排在其他地类上、无法避开基本农田的，经县级国土资源主管部门会同农业部门组织论证确需占用的，可占用基本农田。占用基本农田的，必须按数量相等、质量相当的原则和有关要求予以补划。各类畜禽养殖、水产养殖、工厂化作物栽培等设施建设禁止占用基本农田。

（四）鼓励集中兴建公用设施。县级农业部门、国土资源主管部门应从本地实际出发，因地制宜引导和鼓励农业专业大户、家庭农场、农民合作社、农业企业在设施农业和规模化粮食生产发展过程中，相互联合或者与农村集体经济组织共同兴建粮食仓储烘干、晾晒场、农机库棚等设施，提高农业设施使用效率，促进土地节约集约利用。

三、规范设施农用地使用

从事设施农业建设的，应通过经营者与土地所有权人约定用地条件，并发挥乡级政府的管理作用，规范用地行为。

（一）签订用地协议。设施农用地使用前，经营者应拟定设施建设方案，内容包括：项目名称、建设地点、设施类型和用途、数量、标准和用地规模等，并与乡镇政府和农村集体经济组织协商土地使用年限、土地用途、土地复垦要求及时限、土地交还和违约责任等有关土地使用条件。协商一致后，建设方案和土地使用条件通过乡镇、村组政务公开等形式向社会予以公告，公告时间不少于10天；公告期结束无异议的，乡镇政府、农村集体经济组织和经营者三方签订用地协议。

涉及土地承包经营权流转的，经营者应依法先行与承包农户签订流转合同，征得承包农户同意。

（二）用地协议备案。用地协议签订后，乡镇政府应按要求及时将用地协议与设施建设方案报县级国土资源主管部门和农业部门备案，不符合设施农用地有关规定的不得动工建设。

县级国土资源主管部门和农业部门应依据职能及时核实备案信息。发现存在选址不合理、附属设施用地和配套设施用地超过规定面积、缺少土地复垦协议内容，以及将非农建设用地以设施农用地名义备案等问题的；项目设立不符合当地农业发展规划布局、建设内容不符合设施农业经营和规模化粮食生产要求、附属设施和配套设施建设不符合有关技术标准，以及土地承包经营权流转不符合有关规定的，分别由国土资源主管部门和农业部门在15个工作日内，告知乡镇政府、农村集体经济组织及经营者，由乡镇政府督促纠正。

对于国有农场的农业设施建设与用地，可由省级国土资源主管部门会同农业部门及有关部门根据本通知规定，制定具体实施办法。

四、加强设施农用地服务与监管

（一）主动公开设施农用地建设与管理有关政策规定。通过政府或部门网站及其他形式，国土资源主管部门主动公开设施农用地分类与用地规模标准、相关土地利用总体规划、基本农田保护、土地复垦、用地协议签订与备案等有关规定要求；农业部门主动公开行业发展政策与规划、设施类型和建设标准、农业环境保护、疫病防控等相关规定要求，以便设施农业经营者查询与了解有关政策规定。在设施农业建设过程中，国土资源主管部门和农业部门应主动服务、加强指导，及时解决出现的问题，促进设施农业健康发展。

（二）加强设施农用地监管。县级国土资源主管部门、农业部门和乡镇政府都应将设施农用地纳入日常管理，加强监督，建立制度，分工合作，形成联动工作机制。市、县国土资源主管部门要加强设施农用地的实施跟踪，监督设施农用地的土地利用和土地复垦，及时做好土地变更调查登记和台帐管理工作；县级农业部门加强设施农业建设和经营行为的日常监管，做好土地流转管理和服务工作；乡镇政府负责监督经营者按照协议约定具体实施农业设施建设，落实土地复垦责任，并组织农村集体经济组织做好土地承包合同变更。

省级国土资源主管部门和农业部门应建立设施农用地信息报备制度，全面掌握本区域内设施农用地和设施农业的情况和发展趋势，及时准确地开展土地变更调查设施农用地核实工作。不定期组织开展专项检查，发现苗头性、倾向性问题，及时研究解决，将有关情况报国土资源部和农业部。

（三）严格设施农用地执法。从事设施农业和规模化粮食生产的，经营者必须按照协议约定使用土地，确保农地农用。设施农用地不得改变土地用途，禁止擅自或变相将设施农用地用于其他非农建设；不得超过用地标准，禁止擅自扩大设施用地规模或通过分次申报用地变相扩大设施用地规模；不得改变直接从事或服务于农业生产的设施性质，禁止擅自将设施用于其他经营。

县级国土资源主管部门和农业部门要依据职能加强日常执法巡查，对不符合规定要求开展设施建设和使用土地的，做到早发现、早制止、早报告、早查处。对于擅自或变相将设施农用地用于其他非农建设的，应依法依规严肃查处；擅自扩大附属设施用地规模或通过分次申报用地变相扩大设施用地规模，擅自改变农业生产设施性质用于其他经营的，应及时制止、责令限期纠正，并依法依规追究有关人员责任。

省市国土资源主管部门和农业部门要加强对基层国土资源主管部门和农业部门执法行为的监管，对有案不查、执法不严的，要坚决予以纠正。今后，设施农用地使用和管理情况纳入省级政府耕地保护责任目标内容，国土资源部、农业部每年将会同有关部门开展检查和考核。

各省（区、市）国土资源主管部门和农业部门要高度重视设施农用地管理工作，按照本通知的规定要求，进一步完善实施办法和有关规定要求，切实加强和规范设施农用地管理。本《通知》下发后，国土资源部、农业部《关于完善设施农用地管理有关问题的通知》（国土资发〔2010〕155号）停止执行。

本通知有效期为五年。

2014 年 9 月 29 日

中共中央、国务院关于进一步推进农垦改革发展的意见

中发（2015）33号

农垦是国有农业经济的骨干和代表，是推进中国特色新型农业现代化的重要力量。为发展壮大农垦事业，充分发挥农垦在农业现代化建设和经济社会发展全局中的重要作用，现就进一步推进农垦改革发展提出如下意见。

一、深刻认识新时期农垦的特殊地位和重要作用

（一）农垦为我国经济社会发展作出了重大贡献。农垦是在特定历史条件下为承担国家使命而建立的，经过60多年的艰苦创业，建设了一批现代化的国有农场和重要农产品生产基地，形成了组织化程度高、规模化特征突出、产业体系健全的独特优势，锤炼出"艰苦奋斗、勇于开拓"的农垦精神，为保障国家粮食安全、支援国家建设、维护边疆稳定作出了重大贡献。特别是近年来，农垦改革稳步推进，现代农业快速发展，大型农业企业迅速成长，整体经济实力显著提升，成为国家在关键时刻抓得住、用得上的重要力量。但同时也要看到，农垦还存在管理体制尚未完全理顺、经营机制不活、社会负担重、政策支持体系不健全、部分国有农场生产经营困难等问题，迫切需要进一步深化改革，促进农垦事业持续健康发展。

（二）农垦是中国特色农业经济体系不可或缺的重要组成部分。经过多年的改革发展，农垦与农村集体经济、农户家庭经济、

农民合作经济等共同构成中国特色农业经济体系。这是我国以公有制为主体、多种所有制经济共同发展的基本经济制度在农业农村领域的重要体现，是农业农村发展不断取得巨大成就的基本保障，符合我国国情农情和市场经济发展要求，必须长期坚持并不断完善。农垦农业生产力先进，在现代农业建设中具有独特优势，大力发展农垦经济，对于带动农业农村多种所有制经济共同发展、坚持和完善我国基本经济制度、巩固党的执政基础，具有重要意义。

（三）新形势下农垦承担着更加重要的历史使命。当前和今后一个时期，我国农业发展资源环境约束不断加大，国际农业竞争日趋激烈，保障国家粮食安全和重要农产品有效供给的任务更加艰巨，维护边疆和谐稳定的形势更加复杂。农垦农业生产经营规模化水平较高，综合生产能力强，农产品商品率高，科技成果推广应用、物质装备条件、农产品质量安全水平、农业对外合作等走在全国前列，一些国有农场位于边境地区，在国家全局中的战略作用更加突出。必须适应新形势新要求推进农垦改革发展，努力把农垦建设成为保障国家粮食安全和重要农产品有效供给的国家队、中国特色新型农业现代化的示范区、农业对外合作的排头兵、安边固疆的稳定器。

二、明确新时期农垦改革发展的总体要求

（四）指导思想。全面贯彻党的十八大和十八届二中、三中、四中、五中全会精神，以邓小平理论、"三个代表"重要思想、科学发展观为指导，深入贯彻习近平总书记系列重要讲话精神，按照党中央、国务院决策部署，坚持社会主义市场经济改革方向，以保障国家粮食安全和重要农产品有效供给为核心，以推进垦区集团化、农场企业化改革为主线，依靠创新驱动，加快转变发展方式，推进资源资产整合、产业优化升级，建设现代农业的大基地、大企业、大产业，全面增强农垦内生动力、发展活力、整体实力，切实发挥农垦在现代农业建设中的骨干引领作用，为协同推进新型工业化、信息化、城镇化、农业现代化提供有力支撑。

（五）基本原则

坚持国有属性，服务大局。围绕发挥国有经济主导作用，完善国有农业经济实现形式，以农业生产经营为主，走规模化发展道路，构建现代农业经营体系，促进一二三产业融合发展，做大做强农垦经济，更好服务国家战略需要。

坚持市场导向，政府支持。着力深化农垦市场化改革，推进政企分开、社企分开，确立国有农场的市场主体地位。切实保障农垦平等享受国家普惠性政策，完善与农垦履行使命相适应的支持政策，解决国有农场实际困难，提升可持续发展能力。

坚持分类指导，分级负责。注重不同垦区和国有农场管理体制、资源禀赋、发展水平的差异性，不搞"一刀切"和"齐步走"，采取有针对性的改革举措，促进多样化发展。中央直属垦区的改革发展由国家有关部门和所在地省级政府共同负责，地方垦区的改革发展由地方政府负责。

坚持统筹兼顾，稳步推进。把握好改革的节奏和力度，鼓励大胆探索、试点先行，从各地实际出发平稳有序推进农垦改革，不简单照搬农村集体经济或一般国有企业的改革办法，着力解决突出矛盾，处理好国家、企业和职工利益关系，确保干部职工队伍稳定、生产稳定和社会稳定。

（六）主要目标。围绕垦区率先基本实现农业现代化、率先全面建成小康社会，加快改革发展。到 2020 年，实现以下目标：

——建立健全适应市场经济要求、充满活力、富有效率的管理体制和经营机制，打造一批具有国际竞争力的现代农业企业集团。

——建成一批稳定可靠的大型粮食、棉花、糖料、天然橡胶、牛奶、肉类、种子、油料等重要农产品生产加工基地，形成完善的现代农业产业体系。

——垦区民生建设取得显著进展，职工收入大幅提高，基础设施和公共服务进一步健全，农场社区服务功能不断完善，新型城镇化水平明显提升。

三、深化农垦管理体制和经营机制改革

（七）继续推进垦区集团化改革。集团化是垦区改革的主导方向。有条件的垦区要整建制转换体制机制，建设大型现代农业企业集团。已组建集团公司的垦区，要加快推进直属企业整合重组，推动国有农场公司化改造，建设农业产业公司，构建以资本为纽带的母子公司管理体制。完善现代企业制度，明晰产权关系，健全法人治理结构，不断提高内部管理水平和市场竞争力。在确保国有资本控股前提下，积极引进战略投资者，依法推进集团公司股权多元化改革试点。国有农场归属市县管理的垦区，要着力增强国有农场经济实力，积极探索推进集团化改革，有条件的要组建区域性现代农业企业集团，产业特色明显的可以联合组建农业产业公司，规模较小的可以合并重组。创新农垦行业指导管理体制。在改革过渡期内，整建制实行集团化改革的垦区可保留省级农垦管理机构牌子，实行一个机构、两个牌子，同时要尽快过渡到集团化企业管理；农垦管理机关人员经批准允许到农垦企业兼职，但应从严掌握，且须严格执行兼职不兼薪的政策。改革过渡期后，不再加挂省级农垦管理机构牌子。

（八）改革国有农场办社会职能。坚持社企分开改革方向，推进国有农场生产经营企业化和社会管理属地化。用 3 年左右时间，将国有农场承担的社会管理和公共服务职能纳入地方政府统一管理，妥善解决其机构编制、人员安置、所需经费等问题，确保工作有序衔接、职能履行到位。总结推广国有农场办社会职能改革试点经验，中央财政予以适当补助。积极推进国有农场公检法、基础教育、基本医疗和公共卫生等办社会职能一次性移交地方政府管理，暂不具备条件的要在一定过渡期内分步分项移交。远离中心城镇等不具备社会职能移交条件的国有农场，探索推进办社会职能内部分开、管办分离，地方政府可采取授权委托、购买服务等方式赋予相应管理权限和提供公共服务，同时加强工作指导。对国有农场办社会职能形成的债务进行甄别，凡属于政府应当偿还的债务纳入政府债务统一管理，符合呆坏账核销条件的按照相关规定予以处理。

（九）创新农业经营管理体制。坚持和完善以职工家庭经营为基础、大农场统筹小农场的农业双层经营体制，积极推进多种形式的农业适度规模经营。强化国有农场农业统一经营管理和服务职能，建立健全农场与职工间合理的利益分享和风险共担机制。积极培育新型农业经营主体，发展股份制、公司制等农业经营形式，既要防止土地碎片化，又要防止土地过度集中。构建权利义务关系清晰的国有土地经营制度，改革完善职工承包租赁经营管理制度，建立经营面积、收费标准、承包租赁期限等与职工身份相适应的衔接机制。职工承包租赁期限不得超过其退休年限，防止简单固化承包租赁关系。职工退休时，在同等条件下其承包租赁土地可由其在农场务农的子女优先租赁经营。对租赁经营国有农场土地的，要严格依照合同法规范管理。加强承包和租赁收费管理，全面推行收支公开，强化审计监督。

（十）构建新型劳动用工制度。健全职工招录、培训和考核体系，逐步建立以劳动合同制为核心的市场化用工制度。除已签订劳动合同的职工外，对长期在农场从事农业生产经营的职工子女、外来落户人员等从业人员，结合国有农场改革发展进程，依法签订劳动合同。鼓励和引导职工子女扎根农场务农兴业。加强技能培训和就业服务，加大政策扶持力度，拓展就业渠道。对符合条件的农垦企业失业人员及时进行失业登记，并按规定享受失业保险待遇。对符合就业困难人员条件的农垦企业人员，按规定纳入就业援助范围。

（十一）完善社会保障机制。按照属地管理原则，将农垦职工和垦区居民纳入相应的社会保险、社会救助等社会保障体系。与国有农场签订劳动合同的农业从业人员，可以执行当地统一的企业职工社会保障政策，也可以实行符合农业生产特点的参保缴费办法。强化农垦企业及其职工按时足额缴费义务和地方政府主体责任，将未参加养老和医疗保险或中途断保的职工，按规定纳入参保范围。各级财政要进一步加大社会保障投入力度，支持落实好农垦职工和垦区居民的社会保障政策。统筹研究中央直属垦区养老保险缺口问题。

（十二）健全国有资产监管体制。农垦国有资产数量大、分布广、类型多，必须切实加强监督和管理。按照完善国有资产管理体制的总要求，明晰农垦国有资产权属关系，建立符合农垦特点、以管资本为主的监管体制。农垦管理部门要加强和改进对农垦企业的监管，全面开展包括土地在内的国有资产清产核资工作，加大对国有资本投向的专项监督力度，促进国有资产保值增值，放大国有资本功能，提升国有资本运行效率和效益。开展改组组建农垦国有资本投资、运营公司试点。农垦企业改革要依法依规、严格程序、公开公正，切实加强监督，严格责任追究，杜绝国有资产流失。

（十三）创新土地管理方式。土地是农垦最重要的生产资料，是农垦存在与发展的基础。要从强化农业基础地位、切实保护国有土地资源、实现可持续发展的高度，深化农垦土地管理制度改革。严禁擅自收回农垦国有土地使用权，确需收回的要经原批准用地的政府批准，并按照有关规定予以补偿，妥善解决职工生产生活困难，依法安排社会保障费用。加强土地利用总体规划及年度计划管理，严格执行土地用途管制制度，对农垦土地严格实行分类管理，禁止擅自将农用地转为建设用地。切实落实耕地占补平衡制度，加快划定永久基本农田。强化农垦土地权益保护，严肃查处擅自改变农垦土地用途和非法侵占农垦土地行为。用3年左右时间，基本完成农垦国有土地使用权确权登记发证任务，工作经费由中央财政、地方财政和国有农场共同负担。推进农垦土地资源资产化和资本化，创新农垦土地资产配置方式。对农垦企业改革改制中涉及的国有划拨建设用地和农用地，可按需要采取国有土地使用权出让、租赁、作价出资（入股）和保留划拨用地等方式处置。省级以上政府批准实行国有资产授权经营的国有独资企业、国有独资公司等农垦企业，其使用的原生产经营性国有划拨建设用地和农用地，经批准可以采取作价出资（入股）、授权经营方式处置。有序开展农垦国有农用地使用权抵押、担保试点。保障农垦产业发展和城镇化建设合理用地需求。农垦现有划拨建设用地，经批准办理有偿使用手续后，可以转让、出租、抵押或改变用途，需办理出让手续的，可以采取协议方式。农垦土地被依法收回后再出让的，其出让收入实行收支两条线管理，市县分成的相应土地出让收入要按规定积极用于农垦农业土地开发、农田水利建设以及公益性基础设施建设。

四、加快推进农垦现代农业发展

（十四）建设大型农产品生产基地。鼓励农垦企业通过土地托管、代耕代种代收、股份合作等方式，与农户形成紧密型利益联结机制，提高规模经营效益。结合实施全国高标准农田建设总体规划，积极推进农垦高标准农田建设。加强垦区大中型灌区和节水灌溉工程建设，加快实施地表水置换地下水工程，增加小型农田水利设施建设补助。加大对土地资源富集和比较优势突出垦区的支持力度，将黑龙江和内蒙古等垦区建设成为国家大型商品粮和优质奶源基地，新疆生产建设兵团建设成为国家大型优质棉花和特色农牧产品基地，北京、上海、天津、重庆等城郊型垦区建设成为都市型现代农业示范和优质鲜活农产品供应基地，广东、广西、海南、云南垦区建设成为国家天然橡胶和糖料基地，其他垦区也要根据区域比较优势建设特色农产品生产基地。

（十五）大力发展农产品加工流通业。发挥农垦企业集团优势，建设国家大型优质安全食品生产供应基地，打造农业全产业链，率先推动一二三产业融合发展，实现农业持续增值增效。推进农业生产全程标准化，严格农业投入品准入，强化水土治理和环境监测，建立从田间到餐桌的农产品质量安全追溯体系。鼓励农垦企业加快粮食晾晒、烘干、仓储设施和现代物流中心建设，大力发展大宗农产品产地初加工和精深加工，建设食品、饲料等专用原料基地和加工产业园区，辐射带动周边农民增收致富。推进农垦农产品流通网络优化布局，促进与全国流通体系对接融合，加快发展冷链物流、电子商务、连锁经营等流通业态。推进农垦企业品牌建设。支持农垦企业按照有关规定参与国家大宗农产品政策性收储。以政府性资金为引导，鼓励符合条件的金融机构和农垦企业集团等投入，设立农垦产业发展股权投资基金。

（十六）提升科技创新能力。农垦要在良种化、机械化、信息化等科技创新和农业技术推广方面继续走在全国前列。加强农垦科技创新能力建设，不断加大研发投入力度，强化农业科技攻关，着力解决重大共性关键技术和产品、设施装备难题，培育战略性新兴产业。统筹人才、项目和基地建设，推动农垦企业发展方式转变，推进协同创新组织模式，组建以企业为主体的农业产业技术创新联盟，搭建农业科技创新和成果转化推广平台，加快科技成果转化。整合种业基地和科研资源，实施联合联盟联营，做大做强育繁推一体化种子企业。加大农机购置补贴支持力度，优先支持农垦购置大型农业机械，提高装备水平，扩大农用航空作业范围，建设标准化机务区。积极推进生产经营管理全程信息化，开展农业物联网等信息技术集成应用和试验示范。加强农垦农业技术推广服务体系建设，重点开展高产高效技术集成示范，加强示范基地建设，推动绿色、高效、可持续现代农业发展。

（十七）示范带动现代农业和区域新型城镇化发展。加强农垦现代农业示范区建设，试验示范农业新技术、新装备和生产经营新模式，为推进中国特色新型农业现代化积累经验。引导农垦企业开展多种形式的垦地合作，为周边农民提供大型农机作业、农业投入品供应、农产品加工和购销等社会化服务，增强对周边区域辐射带动能力。推进垦区新型城镇化，远离中心城镇的国有农场要逐步发展成为功能设施齐全、公共服务配套的新型小城镇。毗邻城镇的国有农场，要加大区域资源共享共建力度，与地方政府合作开展城镇开发建设，防止互相隔离和重复建设，推动垦地城镇融合发展。鼓励社会资本参与国有农场公共服务和基础设施建设。

（十八）发挥农垦在农业对外合作中的引领作用。农垦是开展农业对外合作和提高我国农业国际竞争力的重要载体。适应国家对外开放新战略，立足国内产业基础，统筹规划农垦对外合作的目标区域和发展重点。鼓励农垦企业联合，以合资合作和并购重组等方式开展境外农业合作，建立生产、加工、仓储、运销体系。农业对外合作支持政策优先向符合条件的农垦企业倾斜。积极支持农垦承担国家农业援外项目，鼓励农垦企业扩大优势特色农产品出口。加强国际先进技术设备的引进、消化、利用，不断提高农垦企业技术装备和管理水平。

（十九）加强薄弱地区农场建设。制定专门规划和政策措施，加强边境农场、贫困农场和生态脆弱区农场的基础设施及公共服务体系建设，切实改善生产生活条件。支持边境农场加快发展特色产业、边境贸易和边境旅游，多渠道增加职工收入。加大对贫困农场扶持力度，帮助解决实际困难，增强其自我发展能力。生态脆弱区农场的水土流失治理和生态环境保护，纳入地方政府统一政策实施范围。

五、加强对农垦改革发展的领导

（二十）加强党的领导和建设。充分发挥农垦党组织的政治核心作用，切实加强基层党组织建设，坚持农垦改革发展方向，保证和监督各项政策的贯彻实施。农垦各级党组织要严格落实党建工作责任制，切实履行从严治党责任。把农垦改革与党的建设紧密结合起来，保证党组织机构健全、党务工作者队伍稳定、党组织和党员作用得到有效发挥。把加强党的领导和完善农垦企业公司治理统一起来，创新党组织发挥政治核心作用的途径和形式。加强农垦各级领导班子思想作风和反腐倡廉建设，强化对农垦企业领导人员履职行权的监督。深入细致地开展思想政治工作，及时研究解决农垦改革发展的新情况新问题，保障农垦职工合法权益，确保农垦改革稳步有序推进。

（二十一）落实地方和部门责任。各级地方党委和政府要把推进农垦改革发展放在重要位置，加强组织领导，坚持问题导向和底线思维，强化统筹协调，切实抓好落实，确保垦区经济持续健康发展和社会和谐稳定。在依法编制经济社会发展规划、城乡规划、土地利用总体规划、新型城镇化发展规划及公共服务体系等规划时，要将农垦纳入其中并同步组织实施。各省（自治区、直辖市）党委和政府要按照本意见精神，结合当地实际，研究制定推进农垦改革发展的具体实施方案。国家有关部门要积极支持在若干垦区先行试点，总结经验，加快推进。国家发展改革委要做好规划衔接，安排相关建设项目时对农垦加大支持力度；财政部要根据农垦管理体制和改革发展需要，稳步加大对农垦投入，将农垦全面纳入国家强农惠农富农和改善民生政策覆盖范围；金融等有关部门要支持符合条件的农垦企业上市融资，并积极鼓励农垦企业通过债券市场筹集资金；其他部门要按照职责分工，落实有关政策措施。

（二十二）切实转变农垦管理职能。适应推进农垦改革发展需要，加强农垦管理部门能力建设，落实国家赋予农垦系统的任务。农垦管理部门要进一步简政放权，转变工作职能，创新工作方式，切实履行行业指导管理、国有资产监管等职责，按组织程序推荐任命农垦企业负责人，加强企业负责人薪酬和业务费管理。不得擅自解散、下放、撤销国有农场，国有农场合并、分设、调整等体制变动，须征求上级农垦管理部门意见。完善中央直属垦区现行"部省双重领导、以省为主"的管理体制，制定管理办法，厘清国家有关部门和省级政府职责，建立权责统一、管理规范、决策民主的制度体系，有效落实党风廉政建设主体责任和监督责任，完善权力运行约束监督机制。中央直属垦区主要领导干部任免、管理机构设置及人员编制、重大体制改革、资产处置等事项，须按照职责分工，征求国家有关部门意见。国家支持农垦改革发展的相关政策同样适用于新疆生产建设兵团。

（二十三）大力弘扬农垦精神。推进农垦改革发展，根本上要靠农垦自身努力。农垦各级领导干部要率先垂范、廉洁奉公、敢于担当，团结带领广大干部职工积极投身农垦改革发展。农垦干部职工要以主人翁精神，克服"等靠要"思想，发扬农垦优良传统作风，牢固树立开拓创新和市场竞争意识，增强推进农垦改革发展的自觉性主动性。加强农垦经营管理人才引进和培训，着力培养一批懂市场、善经营、会管理的优秀企业家，造就一支热爱农垦、献身农垦的高素质干部职工队伍。大力弘扬"艰苦奋斗、勇于开拓"的农垦精神，推进农垦文化建设，汇聚起推动农垦改革发展的强大精神力量。

2015 年 11 月 27 日

全国高标准农田建设总体规划

国务院关于全国高标准农田建设总体规划的批复

国函〔2013〕111号

各省、自治区、直辖市人民政府，发展改革委、财政部、国土资源部、水利部、农业部、人民银行、质检总局、统计局、林业局：

发展改革委关于报请审批全国高标准农田建设总体规划的请示收悉。现批复如下：

一、原则同意《全国高标准农田建设总体规划》（以下简称《规划》），请认真组织实施。

二、《规划》实施要加强统筹规划，强化政策支持，加大投入力度，着力改善农田基础设施，着力规范建设标准，着力明确管护责任，着力推进农业发展方式转变，坚持不懈推进高标准农田建设，为保障农产品有效供给、提高农业综合生产能力奠定坚实基础。

三、通过实施《规划》，到2020年，建成旱涝保收的高标准农田8亿亩，亩均粮食综合生产能力提高100公斤以上，其中，"十二五"期间建成4亿亩；高标准农田集中连片，田块平整，配套水、电、路设施改善，耕地质量和地力等级提高，科技服务能力得到加强，生态修复能力得到提升。

四、各省（区、市）人民政府要加强组织领导，根据《规划》确定的目标和任务，抓紧制定本地区高标准农田建设规划，细化配套政策，并督促县级人民政府编制实施方案，确保建设任务落实到地块。要整合资金，集中投入，连片治理，强化项目建设管理和建后管护，提高资金使用效益。

五、发展改革委要会同有关部门，按照职责分工，密切配合，加强协作，不断完善相关标准和制度，做好相关规划间的衔接，对《规划》落实情况进行跟踪分析和督促评价，确保《规划》目标任务实现。

国务院

2013 年 10 月 17 日

前　言

农田是农业生产的重要物质基础。党中央、国务院历来高度重视农田基本建设。近年来，通过出台支持政策，加大资金投入，我国农田基础设施条件不断改善，农业综合生产能力明显提高，为实现粮食产量"九连增"奠定了坚实基础。但受人口持续增长、消费结构升级、资源环境约束趋紧等多重因素影响，我国农产品供求将长期处于"总量基本平衡、结构性紧缺"状态。为加快发展现代农业，确保国家粮食安全和重要农产品有效供给，进一步提高农业水土资源利用效率，提升农业科技应用和农业机械化水平，促进农业持续增产稳产，加快高标准农田建设十分必要。要按照近年中央 1 号文件多次提出的加快高标准农田建设的要求，抓紧制定全国高标准农田建设总体规划和相关专项规划，多渠道筹集资金，集中力量推进旱涝保收高产稳产农田建设。

按照党中央、国务院的战略部署，依据《土地管理法》、《农业法》、《水法》和《基本农田保护条例》等法律法规的有关规定，根据近年中央1号文件和《国民经济和社会发展第十二个五年规划纲要》的要求，国家发展改革委会同国土资源部、农业部、财政部、水利部、国家统计局、国家林业局、国家标准委等部门，在深入调研的基础上，组织编制了《全国高标准农田建设总体规划》（以下简称《规划》）。在《规划》编制过程中，充分借鉴了相关专项规划的已有成果，提出的基本原则、总体目标、主要任务和分区建设要求等内容，与相关专项规划进行了衔接协调，并参考了有关部门近期普查工作成果和相关研究结论。

《规划》在总结近年来我国农田基本建设情况的基础上，阐述了当前和今后一个时期加快推进高标准农田建设的重大意义，梳理了现阶段推进高标准农田建设的有利条件，提出了"十二五"、"十三五"期间全国高标准农田建设的指导思想、基本原则、总体目标、主要任务、建设标准和分省规模，分八个类型区明确了具体建设内容和建成要求，提出了加强工程建设监管和后续管护的机制和措施，测算了投资需求，明确了资金筹集的原则和渠道，分析了高标准农田建设的经济效益、社会效益和生态效益，提出了确保规划顺利实施的保障措施。

本规划所述高标准农田，是指土地平整、土壤肥沃、集中连片、设施完善、农电配套、生态良好、抗灾能力强，与现代农业生产和经营方式相适应的旱涝保收、持续高产稳产的农田。

《规划》是有关部门和各地区开展高标准农田建设工作的基本依据。规划基准年为2010年，规划水平年为2020年。

第一章　形势分析

一、农田建设主要成就

长期以来，党和政府高度重视农田基本建设，不断加大投入，通过土地整治、农业综合开发、新增千亿斤粮食生产能力规划田间工程建设、农田水利建设、土壤改良、平原绿化工程、农业农机装备配套等方式，采取多种措施，完善田间配套设施，不断夯实农业生产的物质基础。2001-2010年，已建成高产稳产基本农田近2.5亿亩，为我国粮食产量连续6年稳定在1万亿斤以上提供了有力支撑。

（一）农田灌溉排水条件明显改善。近年来，我国农田水利事业得到快速发展，农业用水效率效益不断提高，农业抗旱减灾成效显著。"十一五"期间，全国实施了398处大型灌区、216处中型灌区续建配套与节水改造以及238处大型灌排泵站更新改造项目，启动实施了850个小型农田水利重点县建设，新建了一批灌区，新增有效灌溉面积5600多万亩，新增节水灌溉工程面积9200万亩。截至2010年底，全国共建成大中型灌区、泵站、机井、塘坝等各类农田水利工程2000多万处，农田有效灌溉面积达9.05亿亩，节水灌溉工程面积达到4.1亿亩，灌溉水有效利用系数达到0.50，全国70%的低洼易涝农田、70%的盐碱耕地和1/3以上的渍害低产田得到了不同程度的治理。

（二）土地整治及配套基础设施建设稳步推进。近年来，国家持续加大农田基本建设力度，通过多种途径，不断改善农田基础设施条件，优化农田结构与布局，耕地质量及地力水平得到明显提升，农机作业条件显著改善，农田防护林体系逐步建立。初步统计，"十一五"期间，全国累计改造中低产田 1. 34 亿亩，整治土地 1. 6 亿亩，新增耕地 3100 多万亩，建设农田林网折合面积 4272 万亩。截至 2010 年底，全国土壤改良培肥技术应用面积达到 5. 8 亿亩，平原地区农田林网控制率达到 75%。

（三）农业科技应用水平快速提升。"十一五"以来，我国农业科技应用步伐加快，通过良种良法推广、高产创建、测土配方施肥、土壤有机质提升、深耕深松、旱作节水、农林病虫害统防统治等一批稳产高产防灾减灾实用技术，促进了粮食的连续多年稳产高产。据统计，截至 2010 年底，主要粮食品种良种覆盖率达到 96%，粮食亩产达到 663 斤，单产提高对粮食增产的贡献率达 60. 8%，测土配方施肥技术推广覆盖率已达 66. 7%，推广测土配方施肥技术累计 11 亿亩，全国农业科技贡献率达 52%，科技进步已成为提高粮食产量和农业综合生产能力的关键措施。

（四）农业机械化推广应用步伐加快。进入本世纪以来，我国农机装备水平、作业水平、科技水平、服务水平和安全水平稳步提高。截至 2010 年，农机总动力达到 9. 28 亿千瓦；耕种收综合机械化水平达到 52. 3%，其中：小麦基本实现全程机械化，水稻机械种植水平从 2002 年的 6. 1% 提高到 2010 年的 20. 9%，水稻机收水平从 20. 6% 提高到 64. 5%，玉米机收水平从 1. 7% 提高到 25. 8%；全国保护性耕作实施面积突破 7600 万亩；2010 年我国农机深松整地作业面积达到 1. 4 亿亩，耕地地力水平进一步提升。

二、农田建设存在的主要问题

我国农田建设虽取得一定成效，但还存在一些突出问题。在全国 18. 26 亿亩耕地中，比当地平均单产高 20% 以上的高产田仅为 5. 5 亿亩，其余 12. 7 亿亩为中低产田，占 70%。改造中低产田、建设高标准农田的任务十分艰巨。

（一）农田灌排基础设施依然薄弱。目前，由于水资源紧缺、水源保障工程不足、水资源调蓄能力较低，全国有近半数的耕地没有灌溉水源或缺少基本灌排条件。现有灌溉面积中灌排设施配套差、标准低、效益衰减等问题依然突出，全国 40%的大型灌区骨干工程、50%以上的中小型灌区及小型农田水利工程设施不配套和老化失修，大多灌排泵站带病运行、效率低下，农田水利"最后一公里"问题仍很突出。特别是严重干旱时供水不足，易导致大面积受灾，遇到较强降雨容易造成农田渍涝。

（二）耕地等级低、质量不高。耕地水土流失、次生盐渍化、酸化等问题严重，部分地区耕地土壤有机质呈下降趋势，化肥增产效益下降，土壤污染问题突出。据统计，南方 14 个省（区、市）pH 值 6.5 以下的酸性耕地土壤比重从上世纪 80 年代初期的 52.4%扩大到 65.4%。由于深耕深松作业不足，土壤蓄水保墒能力低。同时，耕地细碎化问题十分突出，目前我国户均耕地仅为 7~8 亩，且一户多田块情况比较普遍。此外，农田基础设施占地率偏高，全国现有耕地中，田坎、沟渠、田间道路等设施的占地面积的比例高达 13%。

（三）农田配套设施不完备。田间道路不配套，机耕道"窄、差、无"、农机"下地难"问题突出。部分现有机耕道建设设计不规范、标准不高、养护跟不上、损毁严重，难以满足大型化、专业化现代农机作业的需要。目前，全国 1/3 以上农田机耕道需修缮或重建，南方水田区及北方部分地区需修建的比重在 1/2 以上。农田输配电设施建设滞后，农田灌溉排涝成本高、效率低。由于建设标准偏低、抚育管护不到位，农田防护林网体系仍不完善，存在树种单一、林网残缺、结构简单等问题，整体防护效能不高，低质低效防护林带占 1/3 以上。

（四）资金渠道分散且建设标准不统一。长期以来，我国农田建设由各部门分别编制规划，分头组织实施，缺乏统一的指导性规划和规范的建设标准，造成项目安排衔接困难，建设标准参差不齐，难以统一考核评价。同时，由于建设资金渠道分散，形不成合力，造成许多项目建设标准偏低，多数农田建设项目难以同步实施土壤改良、地力培肥、耕作节水技术等措施，工程建设效益难以得到充分发挥。

（五）工程建后管护长效机制未建立。农田建设中"重建设、轻管护"的现象较为普遍，田间工程设施产权不清晰，耕地质量监测和管理手段薄弱，建后管护责任和措施不到位，管护资金不落实等问题突出。有的项目竣工并移交后设备和设施损毁，得不到及时、有效的修复；有的项目建成后没有划入基本农田实行永久保护；对已建成农田的用途和效益统计监测工作不到位。

三、建设高标准农田的重要意义

（一）建设高标准农田是提高农业综合生产能力，保障国家粮食安全的必然要求。到 2020 年，我国人口总量预计将超过 14 亿，城镇化水平将进一步提高，随着居民收入水平稳步提升，消费结构升级日趋加快，粮食等主要农产品的需求会持续增长，保障供给的压力日益加大。在水土资源紧缺和农村劳动力老龄化、兼业化的情况下，要实现保障主要农产品有效供给的目标，必须切实改变农田基础设施薄弱的现状，加快推进高标准农田建设，进一步提高耕地产出能力。

（二）建设高标准农田是发展现代农业，提升农业科技应用水平的基本前提。通过建设高标准农田，实现农田"地平整、土肥沃、旱能灌、涝能排、路相通、林成网"，既能显著增强农田防灾减灾、抗御风险的能力，也可方便农机作业，充分发挥农机抢农时、省劳力、增效益的作用，大幅度提高生产效率。同时，还可为良种良法配套、农机农艺融合、肥料统测统供统施、农林病虫害统防统治等集成技术普及应用，以及土地流转和适度规模经营创造条件。

（三）建设高标准农田是促进农业可持续发展，推进生态文明建设的现实选择。我国人均和亩均水资源量仅为世界平均水平的28%和50%，农业季节性、区域性缺水问题突出；农田灌溉水有效利用系数和水分生产率仅相当于世界先进水平的60%左右；亩均化肥用量达到21.2公斤，是世界平均水平的4.1倍，化肥平均利用率在30%左右，比发达国家低20个百分点，长期不合理施用化肥已成为危害生态环境和影响土地质量的重要因素。通过高标准农田建设，可为推广科学施肥、节水技术创造条件，增强耕地蓄水保墒能力，促进土壤养分平衡，从而降低水资源消耗和化肥施用量，减轻农业面源污染，促进农业可持续发展，保护和改善农村地区生态环境。

（四）建设高标准农田是提高农业比较效益，促进农民增收的有效手段。建成的高标准农田，不仅省工、省水、省肥，而且能够增加农业产量，从而提高农业生产的比较效益，促进农民增收。同时，在高标准农田建设过程中，农民可通过投工投劳方式获得工资性收入，会有一定比例的项目投资直接转化为农民收入。此外，高标准农田建设可有效拉动机械设备制造、建筑建材和运输等行业发展，从而增加农民就业机会和提高收入水平。

四、高标准农田建设的有利条件

（一）党中央、国务院高度重视。党的十七届三中全会提出，"加快中低产田改造、提高耕地质量、大幅度增加高产稳产农田比重"；十七届五中全会提出，"大规模建设旱涝保收高标准农田"；2009—2013 年连续 5 个中央 1 号文件都强调要加快推进高标准农田建设；《国民经济与社会发展第十二个五年规划纲要》要求，"加强以农田水利设施为基础的田间工程建设，改造中低产田，大规模建设旱涝保收高标准农田"。

（二）建设高标准农田的财力不断增强。随着我国经济的快速发展，近年来国家财政收入大幅度增长，2012 年达 11.7 万亿元。各级财政部门认真贯彻落实中央关于统筹城乡发展、大力加强"三农"工作的战略部署，不断增加"三农"投入。2012 年，中央财政用于"三农"的投入达 12388 亿元，是 2003 年的 5.8 倍，占当年财政支出的比重为 19.3%，比 2003 年提高了 5.6 个百分点；中央"三农"投入中用于高标准农田建设的资金逐年较大幅度增长。地方各级财政用于高标准农田建设的投入也稳步增加。

（三）高标准农田规划和建设工作具有一定基础。国家发展改革委牵头编制并经国务院办公厅印发了《全国新增 1000 亿斤粮食生产能力规划（2009—2020 年）》，将田间工程建设作为夯实粮食综合生产能力的重要基础；财政部编制并经国务院批准了《国家农业综合开发高标准农田建设规划》；国土资源部编制并经国务院批准了《全国土地整治规划（2011—2015 年）》；水利部编制了《全国现代灌溉发展规划》以及发展改革、财政、水利、国土、农业五部门联合发文要求各地组织编制了县级农田水利建设规划；国家林业局编制实施了《全国平原绿化三期工程规划（2011—

2020年）》。同时，各有关部门正在积极指导地方开展高标准农田建设，这些为全国高标准农田规划和建设工作奠定了较好基础。

（四）各地积极探索并积累了一些成功做法和经验。近年来，各地特别是粮食主产区对高标准农田建设高度重视，部分省印发了关于建设高标准农田的指导意见，提出整合资金、聚拢政策、集中布局、强化管理、提供配套服务等措施，集中支持粮食主产区高标准农田建设；一些粮食主产省结合本地实际，提出了高标准农田建设的任务目标，并编制了相关规划。此外，一些产粮大县在资金整合等方面也进行了诸多好的实践，积极探索统分结合的建设方式。国家总体规划编制过程中，充分借鉴了地方的成功经验。

第二章　指导思想、基本原则和总体目标

一、指导思想

深入贯彻落实党的十八大精神，以邓小平理论、"三个代表"重要思想、科学发展观为指导，加强统筹规划，强化政策支持，加大投入力度，着力改善农田基础设施，培肥地力，稳步提高水土资源利用率和耕地产出率；着力规范建设标准，整合资源，建立和完善部门间协调推进机制；着力明确管护责任，落实管护主体，建立健全高标准农田建设管理长效机制；着力推进农业发展方式转变，节约集约利用资源，保护生态环境，坚持不懈推进高标准农田建设，为保障农产品有效供给、提高农业综合生产能力奠定坚实基础。

二、基本原则

（一）合理布局，突出重点。综合考虑区域自然资源条件、经

济社会发展水平和粮食生产基础，优化高标准农田建设布局。在资金投入和项目安排上以粮食主产区、非主产区产粮大县以及其他粮食增产潜力较大的县为重点，同时兼顾棉花、油料、糖料等重要农产品优势产区，项目建设原则上应安排在已划定的基本农田范围内。

（二）多措并举，综合配套。因地制宜、抓住关键，把田间灌排工程建设和耕地质量建设摆在优先位置，多措并举，综合治理，实现土地平整肥沃、水利设施配套、田间道路畅通、林网建设适宜、农艺农机技术先进适用，使农田基础设施条件与现代农业生产经营体系相适应。

（三）集中连片，整体推进。根据农田分布和自然条件状况，加强与相关规划的衔接，选择重点建设地区，因地制宜地合理确定农田连片规模，统一规划设计，采取集中投入、连片治理、整体推进的建设方式，确保建一片成一片。

（四）节约资源，保护生态。在建设和利用高标准农田过程中，要切实加强资源节约利用和生态环境保护，减少水土流失，控制农业面源污染，发挥农田在生产、生态、景观方面的综合功能，实现农业生产和生态保护相协调。

（五）政府主导，主体多元。完善公共财政投入保障机制，在中央财政加大投入力度的同时，切实落实地方政府的投入责任。充分发挥专业大户、家庭农场、农民合作社等新型生产经营主体在高标准农田建设中的作用。尊重农民意愿，鼓励和引导项目区广大农民群众积极筹资投劳。积极引导各类社会资本投入高标准农田建设。

（六）部门协调，形成合力。明确部门职责、建立部门协调机制，促进信息共享。以县为单元，编制实施方案，明确任务分工，落实技术标准，规范验收程序，确保项目建设质量。

（七）建管并重，良性运行。各类项目建设按标准化要求建成后要及时确权登记，健全管护机制，明确管护主体，落实管护责任和管护经费；加强对项目工程管护工作的督查指导和监测评价，强化信息管理，确保工程规范、良性运行，长久发挥效益。

三、总体目标

到 2020 年，建成集中连片、旱涝保收的高标准农田 8 亿亩，亩均粮食综合生产能力提高 100 公斤以上。其中，"十二五"期间建成 4 亿亩。建成的高标准农田集中连片，田块平整，配套水、电、路设施完善，耕地质量和地力等级提高，科技服务能力得到加强，生态修复能力得到提升。

高标准农田建设目标主要涉及田、土、水、路、林、电、技、管 8 个方面：

（一）田。农田是农业生产的重要载体。田块相对集中、土地平整是实现农业生产机械化、规模化的前提。通过归并和平整土地、治理水土流失，实现连片田块规模适度，耕作层厚度增加，基础设施占地率降低，丘陵区梯田化率提高。

（二）土。土壤是农作物生长的物质基础。提高土壤质量是推广良种良法、实现农业增产增效的重要条件。通过土壤改良改善土壤质地，增加农田耕作层厚度。

（三）水。水利是农业的命脉，是现代农业建设不可或缺的首要条件。通过大力加强农田水利设施建设、加快推广节水增效灌溉技术，增加有效灌溉面积，提高灌溉保证率、用水效率和农田防洪排涝标准。

（四）路。田间道路是机械化作业的基本前提。通过田间道（机耕路）和生产路建设、桥涵配套，解决农田"路差、路网布局不合理"问题，合理增加路面宽度，提高道路的荷载标准和通达度，满足农业机械通行要求。

（五）林。农田林网、岸坡防护、沟道治理等农田防护和生态环境保持工程是农业防灾减灾的重要生态屏障。通过农田防护和生态环境保持工程建设，解决防护体系不完善、防护效能不高等问题，扩大农田防护面积，提高防御风蚀能力，减少水土流失，改善农田生态环境。

（六）电。必要的输配电设施是发展现代农业的重要保障。结合农村电网改造等工程建设，通过完善农田电网、配备必要的输配电设施，满足现有机井、河道提水、农田排涝、喷微灌等设施应用的电力需求，降低农业生产成本，提高农业生产的效率和效益。

（七）技。科技进步是农业发展的根本出路。通过加快推广农业良种良法、大力发展农业机械化，完善农技社会化服务体系，增强服务能力，提高良种覆盖率、肥料利用率、农林有害生物统防统治覆盖率和耕种收综合机械化水平。

（八）管。建后管护是确保建成的高标准农田长久发挥效益的关键。通过明确管护责任、完善管护机制、健全管护措施、落实管护资金，确保建成的高标准农田数量不减少、用途不改变、质量有提高。

第三章　建设标准和建设内容

一、建设标准

统筹考虑高标准农田建设的农业、水利、土地、林业、电力、气象等各方面因素，重点围绕农田土地生产能力、灌排能力、田间道路通行运输能力、农田防护与生态环境保持能力、机械化水平、科技应用水平、综合生产能力、建后管护能力等建设内容，结合农作物区域规划、水利工程建设、生态建设以及城乡一体化发展等要求，建立健全科学统一、层次分明、结构合理的高标准农田建设标准体系。

高标准农田建设标准的制定，要在梳理和分析现行相关标准的基础上，以提升耕地质量、提高农业综合生产能力为重点，优先制定土地平整、土壤改良、灌溉排水、田间道路、农田防护与生态环境保持、农田输配电等方面的标准。

对需要在全国范围内规范的基础性、通用性技术要求制定国家标准：针对高标准农田建设的基本要求，制定《高标准农田建设通则》；针对高标准农田建成后的利用和评价，制定《高标准农田建设评价规范》。对需要在行业内规范和细化的技术要求，依据《高标准农田建设通则》制定行业标准。各省（自治区、直辖市）要从本地区实际情况出发，依据国家标准和行业标准制定地方标准。高标准农田建设要充分考虑行业和地区的差异，做到国家标准、行业标准、地方标准上下结合、相互衔接、互为补充。

二、建设内容

（一）整治田块

根据土地利用总体规划确定的耕地和基本农田布局，充分考虑水资源承载能力和生态容量等因素，进一步优化农田结构布局。合理划分和适度归并田块，平整土地，减小农田地表坡降。根据地形地貌、作物种类、机械作业效率、灌排效率和防止风害等因素，合理确定田块的长度和宽度。深翻深松土地，通过客土充填、剥离回填肥沃的表土层，改善农田耕作层。实施坡耕地水土流失综合治理，因地制宜修筑梯田，增强农田保土、保水、保肥能力。建成后，实现田块相对集中，农田有效土层厚度达到50cm以上，耕作层厚度达到20cm以上，田间基础设施占地率下降到8%以下，丘陵区梯田化率不低于90%，形成一批5万亩以上的区域化、规模化、集中连片的高标准基本农田。

（二）改良土壤

采用农艺、生物等各类措施，对田间基础设施配套建设后的耕地，进行土壤改良、地力培肥。通过施用农家肥、秸秆还田、种植绿肥翻埋还田，提升土壤有机质含量。实施测土配方施肥，促进土壤养分平衡。推广保护性耕作，治理盐碱土壤、酸化土壤和重金属污染土壤，改善耕作层土壤理化性状。建成后，高标准农田的土壤有机质含量达到12g/kg以上，各项养分含量指标应达到当地土壤养分丰缺指标体系的"中"或"高"值水平，土壤pH值保持在5.5～7.5，耕作层土壤重金属含量指标符合有关国家标准规定，影响作物生长的障碍因素应降到最低限度。

（三）建设灌排设施

按照大中小微并举、蓄引提调结合的要求，加强水源工程建设。按照灌溉与排水并重、骨干工程与田间工程并进的要求，配套改造和建设输配水渠（管）道和排水沟（管）道、泵站及渠系建筑物，开展灌溉排水设施建设。因地制宜推广渠道防渗、管道输水、喷灌、微灌、沟畦灌、水稻控制灌溉等节水灌溉技术。建成后，田间灌排系统完善、工程配套、利用充分，输、配、灌、排水及时高效，灌溉保证率达到50%以上，排涝标准达到5年~10年一遇，农田防洪标准达到10年~20年一遇，田间工程配套率达到80%以上，灌溉水利用效率和水分产出率明显提高。

（四）整修田间道路

按照农业机械化的要求，优化机耕路、生产路布局，合理确定路网密度，整修和新建机耕路、生产路，配套建设农机下田（地）坡道、桥涵等附属设施，提高农机作业便捷度。建成后，田间道路直接通达的田块数占田块总数的比例，平原区达到100%，丘陵区达到90%以上，满足农机作业、农业物资运输等农业生产活动的要求。

（五）完善农田防护与生态环境保持体系

以受大风、沙尘暴等影响严重的区域、水土流失易发区为重点，加强农田防护与生态环境保持工程建设。根据防护需要，新建、修复农田防护林网。在水土流失易发区，合理修筑岸坡防护、沟道治理、坡面防护等设施。建成后，农田防护面积比例应不低于90%。

（六）配套农田输配电设施

对适合电力灌排和信息化管理的农田，铺设高压和低压输电线路，配套建设变配电设施，为泵站、机井以及信息化工程等提供电力保障。建成后，实现农田机井、泵站等供电设施完善，电力系统安装与运行符合相关标准，用电质量和安全水平得到提高。

（七）加强农业科技服务

提高农业科技服务能力，配置定位监测设备，建立耕地质量监测、土壤墒情监测和虫情监测站（点），加强灌溉试验站网建设，开展农业科技示范，大力推进良种良法、水肥一体化和科学施肥等农业科技应用，加快新型农机装备的示范推广。测土配方施肥技术推广覆盖率达到95%以上，基本形成农田监测网络，田间定位监测点覆盖率达到50%以上，农作物病虫害统防统治覆盖率达到50%以上，耕种收综合机械化水平至少达到50%以上，良种覆盖率达到96%以上。

（八）强化后续管护

落实高标准农田管护主体和责任，建立奖补机制，引导和激励专业大户、家庭农场、农民合作社、农民用水合作组织、涉农企业和村集体等参与高标准农田设施的运行管护。落实管护资金，加强资金使用监管。完善监测监管系统，全面动态掌握高标准农田建设、资金投入、建后管护、土地利用及耕地质量等级变化等情况。

第四章　分区建设任务安排

一、分区建设重点及建成要求

根据区域气候、地形地貌、水源、地质、土地利用条件等因素，将全国划分为东北平原区、华北平原区、北方山地丘陵区、黄土高原区、内陆干旱半干旱区、南方平原河网区、南方山地丘陵区、西南高原山地丘陵区等8个类型区，开展高标准农田建设。各区域建设重点及建成要求如下：

（一）东北平原区

主要包括东北大、小兴安岭、长白山周边山地从东、北、西三面环抱的广大平原，由松嫩平原、三江平原和辽河平原三部分组成。

1、平整土地，合理划分和归并耕作田块，加深耕作层厚度，适度开发宜农后备土地资源。使耕作田块集中连片，耕作层厚度保持在35cm以上。

2、实施测土配方施肥和保护性耕作，发展节水农业，深耕深松耕作层，大力推广绿肥种植，改良盐碱土壤。使土壤有机质含量达到30g/kg以上，土壤pH值保持在6.0~7.5。

3、适当增加有效灌溉面积，配套改造现有灌排设施，完善灌排工程体系；旱作区推进喷灌、滴灌等节水灌溉工程建设，改造平原低洼区排水设施，推广水稻控制灌溉技术。实现水稻区灌溉保证率达到80%以上，农田排水设计暴雨重现期达到10年一遇。

4、整修和新建田间道、生产路和机械下田坡道等附属设施。田间道路通达度达到100%，机耕路的路面宽度4~6 m，生产路的路面宽度控制在3m以内。

5、新建、修复防护林带，保护和改善农田生态环境，农田防护控制率不低于85%。

（二）华北平原区

主要包括滦河、海河、黄河及辽河水系淮河北侧所形成的广大冲积平原。

1、平整土地，合理划分和适度归并田块，客土改良质地过沙土壤。实现耕作田块集中连片，使耕作层厚度达到25cm以上。

2、实施测土配方施肥、保护性耕作和秸秆还田，发展节水农业，大力推广绿肥种植，治理盐碱、重金属污染土地。使土壤有机质含量达到15g/kg以上，土壤pH值保持在6.0~7.5（盐碱区土壤 pH 值不高于 8.5），测土配方施肥覆盖率达到 90% 以上。

3、更新改造现有机井，完善井渠结合灌溉体系，推广节水灌溉技术，推进管道输水灌溉、喷灌、滴灌等高效节水灌溉工程建设。使水资源紧缺地区灌溉保证率达到 50% 以上，其余地区达到 75% 以上，农田排水设计暴雨重现期达到 10 年一遇。

4、整修和新建田间道、生产路和机械下田坡道等附属设施。田间道路通达度达到 100%，机耕路的路面宽度 4~6 m，生产路的路面宽度控制在 3m 以内。

5、新建、修复防护林带，保护和改善农田生态环境，农田防护控制率不低于 90%。

（三）北方山地丘陵区

主要包括辽东半岛、山东半岛、燕山、太行山、豫西山地的山地丘陵。

1、修建梯田，修复加固田坎，合理修筑截水沟、排洪沟等坡面水系工程和谷坊、沟头防护等沟道治理工程设施，大幅提高系统拦蓄和排泄坡面径流能力。使耕作层厚度达到 25cm 以上，农田水土保持良好。

2、建设秸秆还田和农家肥积造设施，大力推广绿肥种植。实施测土配方施肥，发展节水农业。使土壤有机质含量达到 12g/kg 以上，土壤 pH 值保持在 6.5~8.0。

3、新建、改造小型水库、塘（堰）坝、水池水窖等小型水源工程和傍山撇洪工程，提高供水保障和防洪能力，发展节水灌溉，推进喷灌、微灌等高效节水灌溉工程建设。使灌溉保证率达到 50% 以上。

4、整修和新建田间道、生产路和机械下田坡道等附属设施。

满足农机田间作业、田间生产管理、农产品运输、农民交通出行的要求，田间道路通达度达到90%以上。

5、新建、修复防护林带。

（四）黄土高原区

主要包括青海东部（海东）、甘肃中部及东部（陇东）、宁夏南部、陕西北部、山西西部、内蒙南部的黄河中游地区。

1、修建水平梯田、反坡梯田和隔坡梯田等，修复加固田坎，合理修筑截水沟、排洪沟等坡面水系工程和谷坊、沟头防护等沟道治理工程设施，减少水土流失。使耕作层厚度达到25cm以上，田间基础设施占地率控制在8%以内，农田水土保持良好。

2、建设秸秆还田和农家肥积造设施，包括田间积肥坑池，配套小型积肥、运肥等辅助设施。推广绿肥种植。实施测土配方施肥，改良盐碱土壤。使土壤有机质含量达到12g/kg以上，土壤pH值保持在6.0~7.5。

3、发展节水灌溉，推进喷灌、微灌等高效节水灌溉工程建设；更新改造灌溉泵站，提高供水能力，降低能耗。使灌溉保证率达到50%以上。

4、整修和新建田间道、生产路和机械下田坡道等附属设施，满足农机田间作业、田间生产管理、农产品运输、农民交通出行的要求，田间道路通达度达到90%以上。

5、新建、修复防护林带，农田防护控制率不低于90%。

（五）内陆干旱半干旱区

主要包括新疆自治区、青海海西地区、甘肃河西走廊地区、宁夏、内蒙、陕北榆林地区、山西雁北地区。

1、平整土地。使耕作层厚度在25cm以上，田间基础设施占地率控制在 8% 以内，农田水土保持良好。

2、建设秸秆还田和农家肥积造设施，包括田间积肥坑池，配套小型积肥、运肥等辅助设施。推广绿肥种植，实施测土配方施肥，发展节水农业，改良盐碱土壤。使土壤有机质含量达到 15g/kg 以上，土壤 pH 值保持在 6.0～7.5，风沙区农田土壤 pH 值不高于 8.5。

3、建设、改造水池水窖等微小水源工程，提高灌溉保障能力；大力发展节水灌溉，推进喷灌、微灌等高效节水灌溉工程建设。使灌溉保证率达到 50% 以上。

4、整修和新建田间道、生产路，满足农机田间作业、田间生产管理、农产品运输、农民交通出行的要求，田间道路通达度达到 100%。

5、新建、修复防护林带。在受干热风、倒春寒、霜冻、大风、沙尘暴等灾害性天气影响的区域，农田防护控制率达到 80% 以上。

（六）南方平原河网区

主要包括长江中下游的江汉平原、洞庭湖平原、鄱阳湖平原、环太湖平原、苏北的里下河平原，长江、珠江、闽江、钱塘江、韩江等南方入海河流的出海口河流三角洲，东南、华南沿海平原低地，内地大中河流两岸的宽阔河谷平原，山间盆地平坝地。

1、合理划分和适度归并耕作田块，使耕作层厚度达到 25cm 以上。

2、实施秸秆还田，大力推广绿肥种植，实施测土配方施肥，推广水肥一体化，治理重金属污染土地，因地制宜改良土壤偏酸、潜育化障碍。使土壤有机质含量达到 20g/kg 以上，土壤 pH 值保持在 5.5 以上。

3、整治现有圩（垸）区，更新改造灌溉排水涵闸、泵站，疏浚改造排水沟系，降低地下水位，推广水稻控制灌溉技术。使水稻区灌溉保证率达到 90%以上，农田排水设计暴雨重现期达到 10 年一遇，1d~3d 暴雨 3d~5d 排至作物耐淹水深。

4、合理确定田间道路的密度和宽度，整修和新建田间道、生产路，使田间道路通达度达到 100%。

5、新建、修复防护林带，保持和改善生态条件，防止或减少污染，农田防护控制率不低于 80%。

（七）南方山地丘陵区

主要包括江淮丘陵山地、江南丘陵山地、华南山地丘陵、西南地区和云贵高原的相关部分。

1、因地制宜修筑梯田，通过挖填客土、挖高填低增加土体厚度，开展水土保持、水源涵养的护路护沟等植被生态工程建设。梯田化率达到 90%以上，耕作层厚度达到 20cm 以上。

2、建设秸秆还田和农家肥积造设施，包括田间积肥坑池，配套小型积肥、运肥等辅助设施。推广绿肥种植。实施测土配方施肥，发展节水农业。使土壤有机质含量达到 20g/kg 以上，土壤 pH 值保持在 5.5 以上。

3、新建、改造灌区内小型水库、塘（堰）和泵站、傍山撤洪渠道，加强雨水集蓄利用、河塘清淤整治等工程建设，提高灌溉供水保障和防洪能力；推广水稻控制灌溉技术。稻区、糖料蔗等优势产区灌溉保证率达到 85%以上。

4、合理确定田间道路的密度和宽度，整修和新建田间道、生产路。田间道路通达度达到 90%以上。

5、新建、修复防护林带。

（八）西南高原山地丘陵区

主要包括在西南高原山地丘陵的云贵高原，四川盆地，广西贵州的岩溶地区。

1、修筑梯田，因地制宜构筑土坎、石坎、土石混合坎或植物坎，合理布置岸坡防护、沟道治理和坡面防护配套工程。调运回填客土，增加土层较薄地区农田耕作层厚度。梯田化率达到90%以上，耕作层厚度达到20cm以上，农田水土保持良好。

2、建设秸秆还田和农家肥积造设施，包括田间积肥设施，配套小型积肥、运肥等辅助设施。大力推广绿肥种植。配合施用碱性土壤改良剂，改良酸化土壤，发展节水农业。土壤有机质含量达到20g/kg以上，土壤pH值保持在5.5以上，测土配方施肥覆盖率达到90%以上。

3、新建一批灌溉工程，适当增加有效灌溉面积，提高灌溉设计保证率；建设、改造小型水库、塘（堰）坝、水池水窖、泵站、傍山引洪渠道等小型水源工程，提高供水保障能力。水稻区灌溉设计保证率达到80%以上。

4、合理确定田间道路的密度和宽度，整修和新建田间道、生产路。田间道路通达度丘陵区不低于90%。

5、新建、修复防护林带。

二、分省（区、市）任务安排

根据各地耕地利用现状及增产潜力，统筹考虑农产品供需形势和水土资源条件、建设资金等可能，按照先易后难、突出重点、发挥优势、相对平衡、注重实效的原则，合理确定各省（自治区、直辖市）高标准农田建设任务。

专栏 1　高标准农田建设任务分解指标表

地　区	2015 年建成规模（万亩）	2020 年建成规模（万亩）
全国	40000	80000
北京	112	135
天津	224	336
河北	2420	4678
山西	819	1900
内蒙古	1137	3660
辽宁	1126	2292
吉林	1227	2740
黑龙江	3197	6556
上海	148	171
江苏	2365	4275
浙江	1043	2004
安徽	2631	4670
福建	325	1176
江西	1377	2825
山东	3504	5982
河南	3500	6369
湖北	2213	3570
湖南	1495	3316
广东	1510	2556
广西	1336	2725
海南	229	477
重庆	520	1083
四川	2496	4430
贵州	588	1623

续表

地　区	2015 年建成规模（万亩）	2020 年建成规模（万亩）
云南	1287	2400
西藏	26	225
陕西	941	1966
甘肃	588	1520
青海	120	390
宁夏	296	774
新疆	948	2676
新疆兵团	252	500

第五章　建设监管和后续管护

一、严格建设监管

（一）完善监管机制。实行"中央指导、省负总责、县为主体"的建设监管机制，采用"规划标准统一、资金渠道不变、相互协调配合、信息互通共享、积极推进整合、共同完成目标"实施方式。认真履行项目建设程序，落实各项建设管理制度，健全监管工作机制，创新监管方式，对项目实施实行全过程监管。

（二）加强考核评价。建立健全高标准农田建设考核制度，中央有关部门定期对地方高标准农田建设情况进行考核，督促各地规范、有序开展高标准农田建设工作。加强高标准农田建设资金使用、建设进展、工程质量等监测，定期开展检查。开展项目实施后评价，以粮食单位面积产量为重点，对高标准农田的利用、产出效益、防灾减灾效果进行跟踪分析，全面掌握项目建设绩效。

（三）强化群众监督。充分尊重农民意愿，引导农民广泛参与和监督。强化事前公示，实行项目信息公示制度，在项目区设立公示牌，将高标准农田建设规模、建设内容、总投资和建设单位等信息进行公示，让建设区域内土地权利各方全面了解项目建设情况，保障群众的知情权、参与权、表达权和监督权。

二、规范竣工验收

（一）明确验收程序。规范高标准农田建设验收工作，在实施单项工程竣工验收的基础上，以县为单位开展年度和规划期内的整体考核。单项工程竣工验收由项目主管部门按照相关项目现行管理规定组织开展，验收结果逐级上报；项目整体考核由项目所在地县级人民政府组织发展改革、财政、国土资源、农业（农机）、水利、统计、林业、农业综合开发等有关部门和机构，按照高标准农田建设标准进行考核，考核结果及时录入高标准农田建设监测监管系统。

（二）做好建档工作。探索建立"田块标识划界、乡村台帐管理、部门备案公示、社会监督共管"机制。建立健全高标准农田管理台账，全面掌握高标准农田建设基本情况和产出能力变化。建立高标准农田档案管理制度，及时、全面收集建成的高标准农田的有关资料并建立档案，做到准确、完整，逐步推行档案资料管理的数字化和信息化。

（三）评定质量等级。依据《耕地地力调查与质量评价技术规定》和《农用地质量分等规程》，由省级人民政府有关部门组织对建成的高标准农田耕地地力和质量等级进行评定。

（四）加强权属管理。查清建设区域内的土地利用现状和权属状况，做到地类和面积准确，界址和权属清楚，无争议；存在土地权属争议的，不得纳入建设范围。在充分尊重农民意愿的基础上，合理编制权属调整方案，合理推进土地归并，逐步解决耕地地块细碎化问题。工程竣工验收后，及时进行地类变更和重新确权登记发证，确保建成后的高标准农田位置明确、权属清晰、地类正确、面积准确，依法保障土地所有者或经营者的权益。

三、加强后续管护

（一）明确管护责任。在基本农田范围外建设的高标准农田，要按照有关程序及时全部补划为基本农田，实行永久保护，确保数量不减少、用途不改变、质量有提高。落实高标准农田管护主体和责任，健全管护制度，确保长久发挥效益。引导和激励专业大户、家庭农场、农民合作社、农民用水合作组织、涉农企业和村集体等参与高标准农田设施的日常管护。国土、农业（农机）、水利、林业等基层服务组织要加强对管护主体的技术指导、服务和监管。

（二）落实管护资金。推进高标准农田设施产权制度改革，明晰高标准农田设施的所有权和使用权，努力落实运行管护经费。对公益性较强的灌溉渠系、喷滴灌设备、机耕路、生产桥、农田林网等，地方政府根据实际情况适当给予运行管护经费补助。

（三）加强动态监测。依托国土资源遥感监测"一张图"和综合监管平台，并结合各部门相关管理信息系统，将高标准农田建设信息及时、全面、准确录入监测监管系统，确保建成后的高标准农田及时上图入库，落实到"一张图"上，做到底数清、情况明，全面动态掌握高标准农田建设、资金投入、建后管护和土地利用及耕地质量等级变化等情况。建立健全部门间信息互通共享机制，实现高标准农田建设信息实时查询、对比、统计、分析，做到有关信息互通共享、科学利用，以满足管理需要。

第六章　投资测算与资金筹措

一、资金需求

综合考虑工程设施建设与耕地质量提升同步推进的要求、不同地区投入状况差异以及高标准农田建设难度加大、成本上升等多种因素，初步估算，高标准农田建设每亩所需投资为 1000～2000 元。

二、资金筹措

建立多元化筹资机制，不断拓宽高标准农田建设资金投入渠道。发挥农民、农民专业合作组织、农业企业等经营主体作用，按照自愿原则，筹资投劳开展高标准农田建设；各级政府调整优化支出结构，进一步加大对高标准农田建设的支持力度。

就政府性投入而言，目前中央层面安排用于高标准农田建设的资金主要有：新增建设用地土地有偿使用费（中央分成部分）、农业综合开发资金、现代农业生产发展资金、小型农田水利设施建设补助专项资金、测土配方施肥资金、大型灌区续建配套及节水改造投资、新增千亿斤粮食生产能力规划投资（田间工程）、中央财政统筹的从土地出让收益中计提的农田水利建设资金等。地方层面也通过公共预算和政府性基金预算等，多渠道安排了用于高标准农田建设的资金。要立足现有政策和资金渠道，继续稳定加大投入，统筹整合高标准农田建设相关资金，确保大规模推进高标准农田建设的资金需求。

（一）稳定增加现有资金投入。一是用好新增建设用地土地有偿使用费，充分发挥综合效益，加强基本农田综合整治。二是增加农业综合开发资金投入，重点支持中低产田改造、建设高标准农田和中型灌区节水配套改造。三是增加现代农业生产发展资金规模，以发展粮食产业为重点，加大对高标准农田建设的支持力度。四是增加小型农田水利设施建设补助专项资金投入，以高标准农田建设、高效节水灌溉和"五小水利工程"为重点，加快实施小型农田水利重点县建设。五是用好中央财政性建设资金用于农田水利建设的投入，加快大型灌区续建配套及节水改造；用好新增千亿斤粮食生产能力规划（田间工程）投资，提高田间工程建设投资标准。六是用好坡耕地水土流失综合治理工程投入。七是增加高标准农田建设的技术集成投入，加快耕地质量动态监测体系建设，加强土壤改良和地力培肥，推广应用相关耕作技术。八是全面落实土地出让收益中用于农业土地开发的资金投入，足额提取土地出让收益的 10% 专项用于农田水利建设，强化中央和省级统筹。

（二）积极统筹整合资金。以完成规划确定的建设任务为目标，在不改变现有资金渠道的前提下，统筹整合高标准农田建设相关资金，形成建设合力。一是中央层面。统一建设标准，明确建设任务、责任分工、管理要求等；建立部际工作协商机制，加强部门沟通协调和信息共享；加快推进项目审批权限下放，赋予地方更多的自主权；加强管理制度建设，为地方统筹整合资金提供制度保障；财政部将会同有关部门起草并印发《关于统筹整合资金推进高标准农田建设的意见》，指导各地做好统筹整合资金工作。二是省级层面。在省政府统一领导下，建立厅际工作协商机制，分解建设任务到县，明确建设重点区域，加强沟通协作和信息共享；完善管理制度，加强监督检查，做好统计分析；开展绩效评价，实行奖优罚劣。三是县级层面。按照中央和省级要求，在县政府领导下，通过成立领导小组，建立决策协商制度和征求意见制度等方式，建立健全协调机制，形成建设规划、实施区域、投入方向、支持环节、项目选择等方面有机联结、相互匹配、协调衔接的工作局面；依据高标准农田建设规划，围绕主导产业、优势区域和重大项目，科学布局，突出重点，集中投入，将资金和项目落实到具体地块，做到统一标准、先易后难、连片治理、配套建设、整体推进；研究制定统筹整合资金的具体方案，引导各类高标准农田建设资金统筹使用和规模投入，做到"多条渠道进水、一个池子蓄水、一个龙头放水"，明确各部门任务，分头组织实施，确保责任落实。

第七章　效益分析

一、经济效益

本规划实施后，建成的高标准农田耕地地力平均提高 0.5 个等级以上，耕地质量平均提高 1 个等级以上，农田粮食生产能力平均每亩提高 100 公斤左右。按现行市场粮食平均收购价格计算，亩均增加产值约 200 元。据此测算，建成 8 亿亩高标准农田，可新增粮食综合生产能力 800 亿公斤，可直接促进农民增收。同时，高标准农田建成后，灌溉水有效利用系数可提高约 10% 以上，据此测算，每年可节约灌溉用水 200 亿立方米以上；肥料利用率约提高 10%，每年可节肥 120 万吨以上；通过农田林网建设，还可有效增加林木蓄积量。

二、社会效益

建设高标准农田的社会效益主要体现在五个方面：一是显著提高农业生产抗风险能力，降低年际间波动。本规划实施后，旱涝保收、高产稳产农田比例大幅增加，可显著改善我国农业生产条件，提高土、肥、水资源利用率和粮食综合生产能力，对保障国家粮食安全和重要农产品供给，促进经济社会协调、可持续发展意义重大。二是促进农民增收。据估算，建设 8 亿亩高标准农田，共需投入 100 多亿个工日，按国家投资的约 1/3 转化为农民工资性收入计算，共可增加农民收入约 2000 多亿元。三是促进农业新品种、新技术、新装备的推广和应用。通过实施本规划，可为良种和农业新技术、新装备的推广创造条件，促进资源节约和环境友好型农业建设。四是提高政府决策的科学化水平。本规划实施后，将进一步健全土壤墒情与耕地质量监测网络体系，有利于各级政府和有关部门及时获取准确的土壤墒情、土壤肥力等重要农业生产信息，从而增强政府指导农民适墒播种、合理施肥、抗旱减灾、适时适量排灌的针对性和科学性。

三、生态效益

通过实施本规划，可在一定程度上缓解农业发展和耕地、水资源紧张的矛盾，有利于促进农业生产中的生态保护与建设。通过改善农田基础设施，可有效减少农田水土流失，减轻面源污染，保护水土资源；通过建设有机肥积造设施，增加有机肥施用量，可促进农作物秸秆还田，减少焚烧秸秆对大气的污染，减轻畜禽粪便和废弃物对河流、水库的污染；通过土壤改良和测土配方施肥措施，可减少肥料流失和浪费，减轻地表水和地下水的硝酸盐污染；通过土地平整、保护性耕作、农田防护林网与生态环境保护与建设，可改善小气候、防风固沙、保持水土，有效防治土地沙化和次生盐渍化，改善土壤理化性状，保护农田生态环境，促进无公害、绿色农产品的生产。

第八章 保障措施

一、落实部门责任，加强协调指导

国务院有关部门要按照职责分工，密切配合，加强对规划实施的指导和协调，抓紧制定本部门支持规划实施的具体政策措施。发展改革委负责综合协调，落实规划内中央财政性建设资金；财政部负责落实中央财政小型农田水利建设、土地整治等专项资金；国土资源部负责指导土地整治项目与基本农田的建设管理、耕地质量监测、高标准农田上图与信息统计等工作；农业部负责指导培肥地力、土壤有机质提升、测土配方施肥、高产创建、农艺农机、耕地质量与土壤墒情监测等配套项目实施；水利部负责指导水源、灌溉排水设施、坡耕地治理及农田防洪工程建设，严格水资源论证，合理配置水资源；林业局负责指导农田林网工程建设；国家农业综合开发办负责落实农业综合开发资金和组织指导农业综合开发中低产田改造、高标准农田建设，支持中型灌区配套改造；统计局负责对已建成的高标准农田的利用、产出效益、防灾减灾效果等绩效的跟踪监测；国土资源部、农业部会同有关部门制定《高标准农田建设通则》和《高标准农田建设评价规范》，国家标准委负责发布。要建立国家多部门共同协商、密切协作、互相支持的工作机制，加强对《规划》落实情况的跟踪和评价，并将结果与下一年度安排建设任务和资金挂钩，确保规划顺利实施。

二、建立协调机制，强化绩效考核

省级人民政府对本省高标准农田建设负总责。各级地方政府要根据本地实际情况建立由政府领导牵头，发展改革、财政、国土资源、农业（农机）、水利、林业、统计、农业综合开发办、标准化管理等有关部门参加的协调机制，已建立协调机制的地方要进一步明确职能职责，加强对规划实施的统一领导和统筹协调，明确工作责任主体，协调解决高标准农田建设中的重大问题。建立健全目标责任制和绩效考核制，把规划实施与地方政府领导干部考核结合起来。地方各级人民政府要结合本地实际，制定高标准农田建设工作绩效考核办法，加强对竣工验收和后期管护责任的考核，对建后纳入基本农田的高标准农田实行严格管理，并每年年末将绩效考核情况报国家有关部门。

三、加强规划指导，做好衔接协调

高标准农田建设是一项跨地区、跨行业、跨部门的综合性系统工程，必须统筹规划、协调落实、有序推进。一要建立国家、省、县三级规划（方案）体系。各省（区、市）要根据《全国高标准农田建设总体规划》确定的目标、任务和要求，编制本地区的高标准农田建设规划，确定重点建设区域和重大项目，细化明确相关配套政策和工作制度，将建设目标和任务分解落实到县，明确县级政府责任。各县（市、区、旗、农场）要依据国家总体规划和省级建设规划，编制县级高标准农田建设实施方案，按照统筹整合资金、衔接建设布局的要求，提出本县内高标准农田建设的具体项目、布局和时序安排，确保各类项目落实到地块。同时，各级地方政府也要编制年度建设实施方案，有序推进规划实施。二要做好与相关专业规划和专项规划的衔接。各级地方政府在编制和实施高标准农田建设规划时，在建设目标、任务、布局以及重大项目安排上，要充分做好与土地利用总体规划、新增1000亿斤粮食生产能力规划、水资源综合规划、大型灌区续建配套与节水改造、小型农田水利建设、节水灌溉、农业综合开发、土地整治、平原绿化等经批准的相关规划的衔接，避免出现规划冲突和投资浪费。禁止在现有林地、草原、湿地及25°以上坡耕地上安排高标准农田建设项目。

四、加大投入力度，推进资金整合

建立健全高标准农田建设投入保障机制，各级政府要进一步健全制度建设，完善支持政策，调动农民、农民专业合作组织、农业企业等投入主体的积极性，运用市场机制鼓励和吸引金融资本、民间资本积极投入高标准农田建设。国务院有关部门在安排与农田建设有关资金时，要进一步突出重点，优化结构，稳定规模，保证高标准农田建设、管护及相关配套项目的资金需求。地方各级政府要积极调整财政支出结构，将本级安排的高标准农田建设资金全额纳入年度预算，优先安排，足额到位。

各地要按照"规划标准统一、资金渠道不变、相互协调配合、信息互通共享、积极推进整合、共同完成目标"的原则，以县域为基本单元，按照县级高标准农田建设实施方案，加强新增建设用地土地有偿使用费、农业综合开发资金、现代农业生产发展资金、小型农田水利设施建设补助专项资金、测土配方施肥资金、大型灌区续建配套及节水改造投资、新增千亿斤粮食生产能力规划投资、中央财政统筹的从土地出让收益中计提的农田水利建设资金等不同渠道资金的有机整合，集中投入，连片治理，整县推进，提高资金使用效益。各地可在500个高标准基本农田建设示范县中选取一批典型，探索统筹整合资金支持高标准农田建设的有效方式。

五、严格项目管理，精心组织实施

本规划内的项目，要严格执行有关建设程序。一是做好项目前期工作。地方各级政府要组织好勘察设计和调研论证工作，落实项目建设条件，强化项目前期工作，组织开展项目规划和建设项目水资源论证，依据水资源条件，落实用水总量控制指标，合理确定项目建设范围、内容、规模、标准，保证前期工作质量和进度。二是加强年度计划管理。各地要根据项目前期工作完成情况，编制和实施高标准农田建设年度计划，并加强年度计划执行情况的评估和考核。三是落实工程建设管理各项制度。对大中型工程要全面实行项目法人责任制、招标投标制、工程建设监理制和合同管理制，对小型工程要提高受益农民参与程度并积极探索资金报账、巡回监理、项目公示、村民自建等新机制、新办法，严格项目竣工验收制度，强化考核。四是加快信息化建设。加快建设高标准农田建设信息管理系统，实行各部门建设项目统一"上图入库"，建立档案，加强高标准农田建设项目动态管理，实现部门间信息互通共享。强化事前公示，使受益村组和农户全面了解项目，确保农民的知情权、参与权、表达权和监督权。

六、开展基础研究，做好技术支持

高标准农田建设是新形势下对农田建设提出的新要求，有关部门及地方要加大支持力度，加强与之相关的基础研究和技术研发工作，加强相关标准制修订，为规划实施提供技术支持。一要按照统一管理、分工负责、公开透明、多方参与的原则，统筹协调高标准农田建设标准体系建设和标准制定工作。行业标准制修订重点是国土、农业、水利、林业等行业涉及高标准农田建设的设计和建设规范、测试和评价方法等方面的内容。行业标准由各行业部门负责制修订工作，并报国家标准委备案。各地根据《高标准农田建设通则》和行业标准，结合本地实际，制定与本地区土壤、水源、气候等相适应的高标准农田建设地方标准，并明确建成的高标准农田的管护要求。地方标准由地方标准化管理部门会同行业主管部门制定，并报国家标准委备案。二要推广新技术、新方法。围绕高标准农田建设的关键性技术问题，开展科学研究，组织科技攻关，力争有所突破。加强与高校、科研机构的合作，吸收引进和大力推广高标准农田建设先进实用技术，加强工程建设与农机农艺技术的集成和应用，推动科技创新与成果转化，提升项目建设管理的技术水平。三要加强人员培训。整合培训资源，加大对与高标准农田建设有关的勘察设计、工程建设、项目管理等技术和管理人员的培训力度，提高业务能力、技术水平和综合素质，为规划实施提供智力支持。

农村改革试验区工作运行管理办法

农业部关于印发

《农村改革试验区工作运行管理办法》的通知

农政发〔2016〕2号

各省（自治区、直辖市）、计划单列市及新疆生产建设兵团农村改革试验区工作主管部门，各农村改革试验区：

新修订的《农村改革试验区工作运行管理办法》已经农村改革试验区工作联席会议第四次会议审议通过，现印发你们，请遵照执行。

农业部

2016 年 4 月 13 日

第一章　总　则

第一条　为规范和引导新形势下的农村改革试验区（以下简

称"试验区")工作，加强和改进试验区运行管理，切实发挥试验区探索示范、服务大局的作用，促进农村改革试验深入融入中央全面深化改革的全局，特制定本办法。

第二条 本办法中的试验区和试验任务，是指经农村改革试验区工作联席会议审议并报中央农村工作领导小组批准后，由农业部（农村改革试验区办公室所在部门，下同）会同有关部门批复的试验区和试验任务。

第三条 各试验区要根据农村改革试验区工作的总体部署和要求，围绕所承担的试验任务，在农村改革的重点领域和关键环节开展探索试验和制度创新，为全国深化农村改革探索路子，为促进农村发展注入新的动力，为制定完善有关政策法规提供依据。

第四条 开展农村改革试验，要坚持超前探索、创新制度，重点突破、配套推进，统一指导、地方为主，先行先试、封闭运行的原则，突出示范性、代表性，强化针对性、可操作性，科学规划、合理布局。

第二章 组织领导

第五条 建立由农业部牵头，中央农办、中央组织部、中央政研室、国家发展改革委、公安部、民政部、财政部、人社部、国土资源部、住建部、水利部、商务部、中国人民银行、国研室、银监会、保监会、供销总社、国家林业局、国务院扶贫办等部门和单位参加的农村改革试验区工作联席会议制度，在中央农村工作领导小组直接领导下，统筹协调和指导农村改革试验区工作。

联席会议办公室设在农业部，具体工作由农村改革试验区办公室承担。

第六条 联席会议的主要职责是：

1. 研究提出农村改革重大试验主题和重要试验内容；

2. 审议试验区设立和试验任务安排有关事宜；

3. 负责农村改革试验区工作中有关部门协调事宜；

4. 重大问题提请中央农村工作领导小组讨论；

5. 完成党中央、国务院，以及中央全面深化改革领导小组、中央农村工作领导小组交办的其他工作。

第七条 联席会议成员单位的主要职责是：

1. 牵头负责主要涉及本部门职责的试验任务，确定试验内容、审核试验方案、提出选点建议、指导业务工作、总结成效经验、开展督察处置；

2. 根据批复的试验方案，对相关试验区给予改革放权，必要时按有关程序争取法律授权；

3. 在符合规划、符合程序的前提下，对试验区有关项目建设优先给予支持；

4. 优先在试验区安排中央部署的农村改革试点试验任务；

5. 将本部门牵头负责试验任务的工作部署、进展情况等事项，通报农村改革试验区办公室。

第八条 农村改革试验区办公室的主要职责是：

1. 承担农村改革试验区工作联席会议办公室的日常工作；

2. 做好与联席会议各成员单位的沟通协调、情况汇总和通报工作；

3. 研究拟定农村改革试验区工作运行管理有关制度、试验任务管理有关办法；

4. 具体承担试验区和试验任务申报受理工作；

5. 组织试验区工作督察、考核和试验任务中期评估、总结验收工作；

6. 组织开展试验区干部培训和研讨交流工作；

7. 协助牵头部门开展业务指导、成效总结、经验提炼等；

8. 及时向中央农村工作领导小组、中央全面深化改革领导小组办公室和专项小组报告农村改革试验工作的重大事项；

9. 负责与地方和试验区的日常联系工作；

10. 完成中央农村工作领导小组、中央全面深化改革领导小组办公室、联席会议交办的其他工作。

第九条 农村改革试验区工作省级（含计划单列市、新疆生产建设兵团，下同）主管部门（以下简称"省级主管部门"）要会同有关部门，在当地党委政府的领导下，加强对本地区农村改革试验区工作的组织协调。主要职责是：

1. 组织协调有关部门指导和支持试验区工作；

2. 组织开展试验区和试验任务申报工作；

3. 组织开展试验区运行管理和试验任务监测工作；

4. 组织开展试验经验总结和成果报送工作；

5. 具体实施试验区考核工作；

6. 及时向农村改革试验区办公室报送本地农村改革试验重要信息；

7. 完成农村改革试验区办公室安排的其他工作。

第十条 各试验区要有农村改革试验工作的专门机构，配备得力人员，保障必要的经费，承担并落实好试验任务。主要职责是：

1. 拟定试验工作方案；

2. 按批准的试验方案组织实施试验任务；

3. 健全工作推进机制，加强监测预警和风险管控；

4. 做好经验总结工作；

5. 配合完成试验任务评估、考核、验收等工作；

6. 及时向所承担试验任务的牵头部门、上级主管部门和农村改革试验区办公室报送工作计划、进展情况、改革试验成果和重要改革工作信息；

7. 完成上级交办的其他工作。

第三章　申报审批

第十一条　申报试验区需符合以下基本要求：

1. 有较强的改革创新意识和工作积极性；

2. 有明确的试验目的和一定的改革试验工作基础；

3. 有负责农村改革试验工作的机构和人员；

4. 符合地方农村改革发展的实际需要；

5. 试验任务组织实施周期一般不超过 5 年。

第十二条　申报试验区需同时申请承担试验任务，履行以下程序：

1. 由所在地人民政府或国有农（林）场向省级主管部门及所申请承担试验任务涉及的省级业务主管部门（以下简称"省级业务主管部门"）提出申请。材料包括申请文件和改革试验方案。

2. 省级主管部门汇总省级业务主管部门意见，对申报材料进行审核，并报经省级人民政府审核同意后送农业部及试验任务牵头部门（以下简称"牵头部门"）。报送材料包括地方申请文件、改革试验方案和省级审核意见。

3. 农业部商牵头部门提出初步意见，经联席会议审议并报中央农村工作领导小组批准后，由农业部联合牵头部门批复试验区和试验任务。

第十三条 已有试验区申请增加试验任务，由农业部会同牵头部门批复试验方案。

第十四条 列入拟提请中央全面深化改革领导小组审议的农村改革试点试验事项，按照审议通过的方案和程序安排试点。

第四章　督察与中期评估

第十五条 采取试验区自评和专家第三方评估相结合的方式，对承担试验任务一年以上的试验区进行至少一次督察和中期评估，督察改革进展情况，及时总结改革成效和问题，重点评估试验任务组织实施情况、成果创新性和适用性、存在问题和风险。

第十六条 中期评估具体程序为：

1. 农村改革试验区办公室制定实施方案，并印发通知。

2. 试验区开展自评并向省级主管部门及省级业务主管部门提交自评报告。

3. 省级主管部门会同省级业务主管部门审核试验区自评报告后，报送农村改革试验区办公室及牵头部门。

4. 农村改革试验区办公室会同牵头部门组织开展专家第三方评估，完成评估报告。

5. 农村改革试验区办公室向联席会议成员单位通报督察和评估工作情况，并汇入农村改革试验区年度工作报告，报中央农村工作领导小组。

第十七条　第三方评估专家组由农村改革试验区办公室确定，并根据试验任务类型和评估工作质量实行动态调整。

第五章　考核与验收

第十八条　考核采取书面考核和现场考核相结合的方式，对试验区进行年度考核，重点考核试验方案执行进度、改革创新举措、试验成果成效等。

第十九条　考核具体程序为：

1. 试验区每年开展自我考核并向省级主管部门及省级业务主管部门提交改革试验工作考核材料。

2. 省级主管部门会同省级业务主管部门审核试验区考核材料，必要时开展联合现场考核。

3. 省级主管部门将考核材料、审核意见、考核结果以及本地试验区工作总结等，年底前报送农村改革试验区办公室及牵头部门复核备案。

4. 农村改革试验区办公室会同牵头部门汇总考核情况，并汇入农村改革试验区年度工作报告，报中央农村工作领导小组；对工作不积极、考核不合格的试验区予以通报，问题严重的取消试验区资格。

第二十条　验收采取书面验收和现场验收相结合的方式，对到期试验任务进行验收，重点验收可以推广的创新性试验成果。

对各试验区试错的，要具体分析，确有借鉴意义的，也应纳入验收范围。

第二十一条 验收具体程序为：

1. 农村改革试验区办公室会同有关部门制定实施方案，并印发通知。

2. 试验区向省级主管部门及省级业务主管部门提交各项到期试验任务验收材料。

3. 省级主管部门会同省级业务主管部门审核验收材料后，报送农村改革试验区办公室及牵头部门。

4. 农村改革试验区办公室会同牵头部门组织开展验收材料评议，必要时开展实地验收，形成并通报验收意见。验收结果汇入农村改革试验区年度工作报告，报中央农村工作领导小组。

第二十二条 对已终止的试验任务不再进行考核验收。

第二十三条 经考核验收的改革试验成果宣传推广须按以下要求进行：

1. 对于做法成熟、各方认可、具有普遍适用性的试验成果，应大力宣传推广。

2. 对于在地方取得显著成效、具有重要参考价值的试点经验，可以组织宣传报道。

3. 对于尚不具备推广条件或各方认识尚不一致、容易引起误读曲解的改革做法，不组织公开宣传。

第六章　试验任务终止

第二十四条 试验任务出现下列情形之一，须予终止：

1. 因形势变化不再具有试验价值的；

2. 产生重大不可控风险的；

3. 试验区提出终止的。

第二十五条　符合第二十四条1、2情形的，由牵头部门认定终止，并报农村改革试验区办公室备案。

第二十六条　试验区提出终止的，履行以下程序：

1. 由所在地人民政府或国有农（林）场向省级主管部门及省级业务主管部门提出终止申请。

2. 省级主管部门会同省级业务主管部门审核终止申请，报经省级人民政府审核同意后报送农业部。

3. 农业部商牵头部门审核同意后予以通报终止。

第七章　试验区退出

第二十七条　试验区运行出现下列情形之一，不再保留"农村改革试验区"资格：

1. 所承担试验任务到期验收或终止后，不再新承担试验任务的；

2. 连续2次考核不合格的；

3. 试验任务均未通过验收的；

4. 主动提出退出的。

第二十八条　符合第二十七条1、2、3情形的，由农村改革试验区办公室通报不再保留资格。

第二十九条　主动提出退出的，履行以下程序：

1. 由所在地人民政府或国有农（林）场向省级主管部门提出

退出申请。

2. 省级主管部门会同省级业务主管部门审核退出申请，报经省级人民政府审核同意后报送农业部。

3. 农业部报联席会议审议通过后，通报不再保留资格。

第三十条 所承担试验任务到期验收通过且不再新承担试验任务，但原有试验任务确有必要进一步深化探索的试验区，可申请保留"农村改革试验区"资格。保留资格原则上每次不超过3年。

第三十一条 申请保留"农村改革试验区"资格，履行以下程序：

1. 由所在地人民政府或国有农（林）场向省级主管部门提出深化改革试验申请。材料包括申请文件和改革试验方案。

2. 省级主管部门会同省级业务主管部门对申请材料进行审核，并报经省级人民政府审核同意后送农业部及牵头部门。报送材料包括地方申请文件、改革试验方案和省级审核意见。

3. 农业部商牵头部门审定同意后，批复保留"农村改革试验区"资格。

第八章　附　则

第三十二条 本办法自公布之日起施行。《全国农村改革试验区工作运行管理办法》（农政发〔2010〕3号）同时废止。

第三十三条 本办法由农村改革试验区办公室负责解释。

全国普法学习读本
★ ★ ★ ★ ★ ★

农业综合法律法规学习读本

农业综合法律法规

李勇　主编

加大全民普法力度，建设社会主义法治文化，树立宪法法律至上、法律面前人人平等的法治理念。

——中国共产党第十九次全国代表大会《决胜全面建成小康社会　夺取新时代中国特色社会主义伟大胜利》

汕头大学出版社

图书在版编目（CIP）数据

农业综合法律法规／李勇主编. -- 汕头：汕头大学出版社（2021.7重印）

（农业综合法律法规学习读本）

ISBN 978-7-5658-3674-9

Ⅰ．①农… Ⅱ．①李… Ⅲ．①农业法-基本知识-中国 Ⅳ．①D922.44

中国版本图书馆 CIP 数据核字（2018）第 143159 号

农业综合法律法规　　NONGYE ZONGHE FALÜ FAGUI

主　　编：李　勇

责任编辑：邹　峰

责任技编：黄东生

封面设计：大华文苑

出版发行：汕头大学出版社

　　　　　广东省汕头市大学路 243 号汕头大学校园内　　邮政编码：515063

电　　话：0754-82904613

印　　刷：三河市南阳印刷有限公司

开　　本：690mm×960mm 1/16

印　　张：18

字　　数：226 千字

版　　次：2018 年 7 月第 1 版

印　　次：2021 年 7 月第 2 次印刷

定　　价：59.60 元（全 2 册）

ISBN 978-7-5658-3674-9

前　言

习近平总书记指出：“推进全民守法，必须着力增强全民法治观念。要坚持把全民普法和守法作为依法治国的长期基础性工作，采取有力措施加强法制宣传教育。要坚持法治教育从娃娃抓起，把法治教育纳入国民教育体系和精神文明创建内容，由易到难、循序渐进不断增强青少年的规则意识。要健全公民和组织守法信用记录，完善守法诚信褒奖机制和违法失信行为惩戒机制，形成守法光荣、违法可耻的社会氛围，使遵法守法成为全体人民共同追求和自觉行动。”

中共中央、国务院曾经转发了中央宣传部、司法部关于在公民中开展法治宣传教育的规划，并发出通知，要求各地区各部门结合实际认真贯彻执行。通知指出，全民普法和守法是依法治国的长期基础性工作。深入开展法治宣传教育，是全面建成小康社会和新农村的重要保障。

普法规划指出：各地区各部门要根据实际需要，从不同群体的特点出发，因地制宜开展有特色的法治宣传教育坚持集中法治宣传教育与经常性法治宣传教育相结合，深化法律进机关、进乡村、进社区、进学校、进企业、进单位的“法律六进”主题活动，完善工作标准，建立长效机制。

特别是农业、农村和农民问题，始终是关系党和人民事业发展的全局性和根本性问题。党中央、国务院发布的《关于推进社会主义新农村建设的若干意见》中明确提出要“加强农村法制建设，深入开展农村普法教育，增强农民的法制观念，提高农民依法行使权利和履行义务的自觉性。”多年普法实践证明，普及法律知识，提高法制观念，增强全社会依法办事意识具有重要作用。特别是在广大农村进行普法教育，是提高全民法律素质的需要。

多年来，我国在农村实行的改革开放取得了极大成功，农村发生了翻天覆地的变化，广大农民生活水平大大得到了提高。但是，由于历史和社会等原因，现阶段我国一些地区农民文化素质还不高，不学法、不懂法、不守法现象虽然较原来有所改变，但仍有相当一部分群众的法制观念仍很淡化，不懂、不愿借助法律来保护自身权益，这就极易受到不法的侵害，或极易进行违法犯罪活动，严重阻碍了全面建成小康社会和新农村步伐。

为此，根据党和政府的指示精神以及普法规划，特别是根据广大农村农民的现状，在有关部门和专家的指导下，特别编辑了这套《全国普法学习读本》。主要包括了广大人民群众应知应懂、实际实用的法律法规。为了辅导学习，附录还收入了相应法律法规的条例准则、实施细则、解读解答、案例分析等；同时为了突出法律法规的实际实用特点，兼顾地方性和特殊性，附录还收入了部分某些地方性法律法规以及非法律法规的政策文件、管理制度、应用表格等内容，拓展了本书的知识范围，使法律法规更"接地气"，便于读者学习掌握和实际应用。

在众多法律法规中，我们通过甄别，淘汰了废止的，精选了最新的、权威的和全面的。但有部分法律法规有些条款不适应当下情况了，却没有颁布新的，我们又不能擅自改动，只得保留原有条款，但附录却有相应的补充修改意见或通知等。众多法律法规根据不同内容和受众特点，经过归类组合，优化配套。整套普法读本非常全面系统，具有很强的学习性、实用性和指导性，非常适合用于广大农村和城乡普法学习教育与实践指导。总之，是全国全民普法的良好读本。

目　录

中华人民共和国农业法

农业保险条例

附　录

全国农业普查条例

中华农业英才奖评选办法

国家农业标准化示范区管理办法（试行）

国家农业科技园区管理办法

中华人民共和国农业法

中华人民共和国主席令

第七十四号

　　《全国人民代表大会常务委员会关于修改〈中华人民共和国农业法〉的决定》已由中华人民共和国第十一届全国人民代表大会常务委员会第三十次会议于 2012 年 12 月 28 日通过，现予公布，自 2013 年 1 月 1 日起施行。

中华人民共和国主席　胡锦涛

2012 年 12 月 28 日

　　(1993 年 7 月 2 日第八届全国人民代表大会常务委员会第二次会议通过；2002 年 12 月 28 日第九届全国人民代表大会常务委员会第三十一次会议修订；根据 2009 年 8 月 27 日第十一届全国人民代表大会常务委员会第十次会议《关于修改部分法律的决定》第一次修正；根据 2012 年 12 月 28 日第十一届全国人民代表大会常务委员会第三十次会议《关于修改〈中华人民共和国农业法〉的决定》第二次修正)

第一章 总 则

第一条 为了巩固和加强农业在国民经济中的基础地位，深化农村改革，发展农业生产力，推进农业现代化，维护农民和农业生产经营组织的合法权益，增加农民收入，提高农民科学文化素质，促进农业和农村经济的持续、稳定、健康发展，实现全面建设小康社会的目标，制定本法。

第二条 本法所称农业，是指种植业、林业、畜牧业和渔业等产业，包括与其直接相关的产前、产中、产后服务。

本法所称农业生产经营组织，是指农村集体经济组织、农民专业合作经济组织、农业企业和其他从事农业生产经营的组织。

第三条 国家把农业放在发展国民经济的首位。

农业和农村经济发展的基本目标是：建立适应发展社会主义市场经济要求的农村经济体制，不断解放和发展农村生产力，提高农业的整体素质和效益，确保农产品供应和质量，满足国民经济发展和人口增长、生活改善的需求，提高农民的收入和生活水平，促进农村富余劳动力向非农产业和城镇转移，缩小城乡差别和区域差别，建设富裕、民主、文明的社会主义新农村，逐步实现农业和农村现代化。

第四条 国家采取措施，保障农业更好地发挥在提供食物、工业原料和其他农产品，维护和改善生态环境，促进农村经济社会发展等多方面的作用。

第五条 国家坚持和完善公有制为主体、多种所有制经济共同发展的基本经济制度，振兴农村经济。

国家长期稳定农村以家庭承包经营为基础、统分结合的双层经营体制，发展社会化服务体系，壮大集体经济实力，引导农民走共同富裕的道路。

国家在农村坚持和完善以按劳分配为主体、多种分配方式并存的分配制度。

第六条 国家坚持科教兴农和农业可持续发展的方针。

国家采取措施加强农业和农村基础设施建设，调整、优化农业和农村经济结构，推进农业产业化经营，发展农业科技、教育事业，保护农业生态环境，促进农业机械化和信息化，提高农业综合生产能力。

第七条 国家保护农民和农业生产经营组织的财产及其他合法权益不受侵犯。

各级人民政府及其有关部门应当采取措施增加农民收入，切实减轻农民负担。

第八条 全社会应当高度重视农业，支持农业发展。

国家对发展农业和农村经济有显著成绩的单位和个人，给予奖励。

第九条 各级人民政府对农业和农村经济发展工作统一负责，组织各有关部门和全社会做好发展农业和为发展农业服务的各项工作。

国务院农业行政主管部门主管全国农业和农村经济发展工作，国务院林业行政主管部门和其他有关部门在各自的职责范围内，负责有关的农业和农村经济发展工作。

县级以上地方人民政府各农业行政主管部门负责本行政区域内的种植业、畜牧业、渔业等农业和农村经济发展工作，林业行政主管部门负责本行政区域内的林业工作。县级以上地方人民政府其他有关部门在各自的职责范围内，负责本行政区域内有关的为农业生产经营服务的工作。

第二章　农业生产经营体制

第十条　国家实行农村土地承包经营制度，依法保障农村土地承包关系的长期稳定，保护农民对承包土地的使用权。

农村土地承包经营的方式、期限、发包方和承包方的权利义务、土地承包经营权的保护和流转等，适用《中华人民共和国土地管理法》和《中华人民共和国农村土地承包法》。

农村集体经济组织应当在家庭承包经营的基础上，依法管理集体资产，为其成员提供生产、技术、信息等服务，组织合理开发、利用集体资源，壮大经济实力。

第十一条　国家鼓励农民在家庭承包经营的基础上自愿组成各类专业合作经济组织。

农民专业合作经济组织应当坚持为成员服务的宗旨，按照加入自愿、退出自由、民主管理、盈余返还的原则，依法在其章程规定的范围内开展农业生产经营和服务活动。

农民专业合作经济组织可以有多种形式，依法成立、依法登记。任何组织和个人不得侵犯农民专业合作经济组织的财产和经营自主权。

第十二条　农民和农业生产经营组织可以自愿按照民主管理、按劳分配和按股分红相结合的原则，以资金、技术、实物等入股，依法兴办各类企业。

第十三条　国家采取措施发展多种形式的农业产业化经营，鼓励和支持农民和农业生产经营组织发展生产、加工、销售一体化经营。

国家引导和支持从事农产品生产、加工、流通服务的企业、科研单位和其他组织，通过与农民或者农民专业合作经济组织订立合同或者建立各类企业等形式，形成收益共享、风险共担的利益共同体，推进农业产业化经营，带动农业发展。

第十四条　农民和农业生产经营组织可以按照法律、行政法规成立各种农产品行业协会，为成员提供生产、营销、信息、技术、培训等服务，发挥协调和自律作用，提出农产品贸易救济措施的申请，维护成员和行业的利益。

第三章　农业生产

第十五条　县级以上人民政府根据国民经济和社会发展的中长期规划、农业和农村经济发展的基本目标和农业资源区划，制定农业发展规划。

省级以上人民政府农业行政主管部门根据农业发展规划，采取措施发挥区域优势，促进形成合理的农业生产区域布局，指导和协调农业和农村经济结构调整。

第十六条　国家引导和支持农民和农业生产经营组织结合本地实际按照市场需求，调整和优化农业生产结构，协调发展种植业、林业、畜牧业和渔业，发展优质、高产、高效益的农业，提高农产品国际竞争力。

种植业以优化品种、提高质量、增加效益为中心，调整作物结构、品种结构和品质结构。

加强林业生态建设，实施天然林保护、退耕还林和防沙治沙工程，加强防护林体系建设，加速营造速生丰产林、工业原料林和薪炭林。

加强草原保护和建设，加快发展畜牧业，推广圈养和舍饲，改良畜禽品种，积极发展饲料工业和畜禽产品加工业。

渔业生产应当保护和合理利用渔业资源，调整捕捞结构，积极发展水产养殖业、远洋渔业和水产品加工业。

县级以上人民政府应当制定政策，安排资金，引导和支持农业结构调整。

第十七条 各级人民政府应当采取措施，加强农业综合开发和农田水利、农业生态环境保护、乡村道路、农村能源和电网、农产品仓储和流通、渔港、草原围栏、动植物原种良种基地等农业和农村基础设施建设，改善农业生产条件，保护和提高农业综合生产能力。

第十八条 国家扶持动植物品种的选育、生产、更新和良种的推广使用，鼓励品种选育和生产、经营相结合，实施种子工程和畜禽良种工程。国务院和省、自治区、直辖市人民政府设立专项资金，用于扶持动植物良种的选育和推广工作。

第十九条 各级人民政府和农业生产经营组织应当加强农田水利设施建设，建立健全农田水利设施的管理制度，节约用水，发展节水型农业，严格依法控制非农业建设占用灌溉水源，禁止任何组织和个人非法占用或者毁损农田水利设施。

国家对缺水地区发展节水型农业给予重点扶持。

第二十条 国家鼓励和支持农民和农业生产经营组织使用先进、适用的农业机械，加强农业机械安全管理，提高农业机械化水平。

国家对农民和农业生产经营组织购买先进农业机械给予扶持。

第二十一条 各级人民政府应当支持为农业服务的气象事业的发展，提高对气象灾害的监测和预报水平。

第二十二条 国家采取措施提高农产品的质量，建立健全农产品质量标准体系和质量检验检测监督体系，按照有关技术规范、操作规程和质量卫生安全标准，组织农产品的生产经营，保障农产品质量安全。

第二十三条 国家支持依法建立健全优质农产品认证和标志制度。

国家鼓励和扶持发展优质农产品生产。县级以上地方人民政府应当结合本地情况，按照国家有关规定采取措施，发展优质农产品生产。

符合国家规定标准的优质农产品可以依照法律或者行政法规的规定申请使用有关的标志。符合规定产地及生产规范要求的农产品可以依照有关法律或者行政法规的规定申请使用农产品地理标志。

第二十四条 国家实行动植物防疫、检疫制度，健全动植物防疫、检疫体系，加强对动物疫病和植物病、虫、杂草、鼠害的监测、预警、防治，建立重大动物疫情和植物病虫害的快速扑灭机制，建设动物无规定疫病区，实施植物保护工程。

第二十五条 农药、兽药、饲料和饲料添加剂、肥料、种子、农业机械等可能危害人畜安全的农业生产资料的生产经营，依照相关法律、行政法规的规定实行登记或者许可制度。

各级人民政府应当建立健全农业生产资料的安全使用制度，农民和农业生产经营组织不得使用国家明令淘汰和禁止使用的农药、兽药、饲料添加剂等农业生产资料和其他禁止使用的产品。

农业生产资料的生产者、销售者应当对其生产、销售的产品的质量负责，禁止以次充好、以假充真、以不合格的产品冒充合格的产品；禁止生产和销售国家明令淘汰的农药、兽药、饲料添加剂、农业机械等农业生产资料。

第四章 农产品流通与加工

第二十六条 农产品的购销实行市场调节。国家对关系国计民生的重要农产品的购销活动实行必要的宏观调控，建立中央和地方分级储备调节制度，完善仓储运输体系，做到保证供应，稳定市场。

第二十七条 国家逐步建立统一、开放、竞争、有序的农产品市场体系，制定农产品批发市场发展规划。对农村集体经济组织和农民专业合作经济组织建立农产品批发市场和农产品集贸市场，国家给予扶持。

县级以上人民政府工商行政管理部门和其他有关部门按照各自的职责，依法管理农产品批发市场，规范交易秩序，防止地方保护与不正当竞争。

第二十八条 国家鼓励和支持发展多种形式的农产品流通活动。支持农民和农民专业合作经济组织按照国家有关规定从事农产品收购、批发、贮藏、运输、零售和中介活动。鼓励供销合作社和其他从事农产品购销的农业生产经营组织提供市场信息，开拓农产品流通渠道，为农产品销售服务。

县级以上人民政府应当采取措施，督促有关部门保障农产品运输畅通，降低农产品流通成本。有关行政管理部门应当简化手续，方便鲜活农产品的运输，除法律、行政法规另有规定外，不得扣押鲜活农产品的运输工具。

第二十九条 国家支持发展农产品加工业和食品工业，增加农产品的附加值。县级以上人民政府应当制定农产品加工业和食品工业发展规划，引导农产品加工企业形成合理的区域布局和规模结构，扶持农民专业合作经济组织和乡镇企业从事农产品加工和综合开发利用。

国家建立健全农产品加工制品质量标准，完善检测手段，加强农产品加工过程中的质量安全管理和监督，保障食品安全。

第三十条 国家鼓励发展农产品进出口贸易。

国家采取加强国际市场研究、提供信息和营销服务等措施，促进农产品出口。

为维护农产品产销秩序和公平贸易，建立农产品进口预警制度，当某些进口农产品已经或者可能对国内相关农产品的生产造成重大的不利影响时，国家可以采取必要的措施。

第五章　粮食安全

第三十一条　国家采取措施保护和提高粮食综合生产能力，稳步提高粮食生产水平，保障粮食安全。

国家建立耕地保护制度，对基本农田依法实行特殊保护。

第三十二条　国家在政策、资金、技术等方面对粮食主产区给予重点扶持，建设稳定的商品粮生产基地，改善粮食收贮及加工设施，提高粮食主产区的粮食生产、加工水平和经济效益。

国家支持粮食主产区与主销区建立稳定的购销合作关系。

第三十三条　在粮食的市场价格过低时，国务院可以决定对部分粮食品种实行保护价制度。保护价应当根据有利于保护农民利益、稳定粮食生产的原则确定。

农民按保护价制度出售粮食，国家委托的收购单位不得拒收。

县级以上人民政府应当组织财政、金融等部门以及国家委托的收购单位及时筹足粮食收购资金，任何部门、单位或者个人不得截留或者挪用。

第三十四条　国家建立粮食安全预警制度，采取措施保障粮食供给。国务院应当制定粮食安全保障目标与粮食储备数量指标，并根据需要组织有关主管部门进行耕地、粮食库存情况的核查。

国家对粮食实行中央和地方分级储备调节制度，建设仓储运输体系。承担国家粮食储备任务的企业应当按照国家规定保证储备粮的数量和质量。

第三十五条 国家建立粮食风险基金,用于支持粮食储备、稳定粮食市场和保护农民利益。

第三十六条 国家提倡珍惜和节约粮食,并采取措施改善人民的食物营养结构。

第六章 农业投入与支持保护

第三十七条 国家建立和完善农业支持保护体系,采取财政投入、税收优惠、金融支持等措施,从资金投入、科研与技术推广、教育培训、农业生产资料供应、市场信息、质量标准、检验检疫、社会化服务以及灾害救助等方面扶持农民和农业生产经营组织发展农业生产,提高农民的收入水平。

在不与我国缔结或加入的有关国际条约相抵触的情况下,国家对农民实施收入支持政策,具体办法由国务院制定。

第三十八条 国家逐步提高农业投入的总体水平。中央和县级以上地方财政每年对农业总投入的增长幅度应当高于其财政经常性收入的增长幅度。

各级人民政府在财政预算内安排的各项用于农业的资金应当主要用于:加强农业基础设施建设;支持农业结构调整,促进农业产业化经营;保护粮食综合生产能力,保障国家粮食安全;健全动植物检疫、防疫体系,加强动物疫病和植物病、虫、杂草、鼠害防治;建立健全农产品质量标准和检验检测监督体系、农产品市场及信息服务体系;支持农业科研教育、农业技术推广和农民培训;加强农业生态环境保护建设;扶持贫困地区发展;保障农民收入水平等。

县级以上各级财政用于种植业、林业、畜牧业、渔业、农田水利的农业基本建设投入应当统筹安排，协调增长。

国家为加快西部开发，增加对西部地区农业发展和生态环境保护的投入。

第三十九条 县级以上人民政府每年财政预算内安排的各项用于农业的资金应当及时足额拨付。各级人民政府应当加强对国家各项农业资金分配、使用过程的监督管理，保证资金安全，提高资金的使用效率。

任何单位和个人不得截留、挪用用于农业的财政资金和信贷资金。审计机关应当依法加强对用于农业的财政和信贷等资金的审计监督。

第四十条 国家运用税收、价格、信贷等手段，鼓励和引导农民和农业生产经营组织增加农业生产经营性投入和小型农田水利等基本建设投入。

国家鼓励和支持农民和农业生产经营组织在自愿的基础上依法采取多种形式，筹集农业资金。

第四十一条 国家鼓励社会资金投向农业，鼓励企业事业单位、社会团体和个人捐资设立各种农业建设和农业科技、教育基金。

国家采取措施，促进农业扩大利用外资。

第四十二条 各级人民政府应当鼓励和支持企业事业单位及其他各类经济组织开展农业信息服务。

县级以上人民政府农业行政主管部门及其他有关部门应当建立农业信息搜集、整理和发布制度，及时向农民和农业生产经营组织提供市场信息等服务。

第四十三条 国家鼓励和扶持农用工业的发展。

国家采取税收、信贷等手段鼓励和扶持农业生产资料的生产和贸易，为农业生产稳定增长提供物质保障。

国家采取宏观调控措施，使化肥、农药、农用薄膜、农业机械和农用柴油等主要农业生产资料和农产品之间保持合理的比价。

第四十四条　国家鼓励供销合作社、农村集体经济组织、农民专业合作经济组织、其他组织和个人发展多种形式的农业生产产前、产中、产后的社会化服务事业。县级以上人民政府及其各有关部门应当采取措施对农业社会化服务事业给予支持。

对跨地区从事农业社会化服务的，农业、工商管理、交通运输、公安等有关部门应当采取措施给予支持。

第四十五条　国家建立健全农村金融体系，加强农村信用制度建设，加强农村金融监管。

有关金融机构应当采取措施增加信贷投入，改善农村金融服务，对农民和农业生产经营组织的农业生产经营活动提供信贷支持。

农村信用合作社应当坚持为农业、农民和农村经济发展服务的宗旨，优先为当地农民的生产经营活动提供信贷服务。

国家通过贴息等措施，鼓励金融机构向农民和农业生产经营组织的农业生产经营活动提供贷款。

第四十六条　国家建立和完善农业保险制度。

国家逐步建立和完善政策性农业保险制度。鼓励和扶持农民和农业生产经营组织建立为农业生产经营活动服务的互助合作保险组织，鼓励商业性保险公司开展农业保险业务。

农业保险实行自愿原则。任何组织和个人不得强制农民和农业生产经营组织参加农业保险。

第四十七条　各级人民政府应当采取措施，提高农业防御自然灾害的能力，做好防灾、抗灾和救灾工作，帮助灾民恢复生产，组织生产自救，开展社会互助互济；对没有基本生活保障的灾民给予救济和扶持。

第七章 农业科技与农业教育

第四十八条 国务院和省级人民政府应当制定农业科技、农业教育发展规划，发展农业科技、教育事业。

县级以上人民政府应当按照国家有关规定逐步增加农业科技经费和农业教育经费。

国家鼓励、吸引企业等社会力量增加农业科技投入，鼓励农民、农业生产经营组织、企业事业单位等依法举办农业科技、教育事业。

第四十九条 国家保护植物新品种、农产品地理标志等知识产权，鼓励和引导农业科研、教育单位加强农业科学技术的基础研究和应用研究，传播和普及农业科学技术知识，加速科技成果转化与产业化，促进农业科学技术进步。

国务院有关部门应当组织农业重大关键技术的科技攻关。国家采取措施促进国际农业科技、教育合作与交流，鼓励引进国外先进技术。

第五十条 国家扶持农业技术推广事业，建立政府扶持和市场引导相结合，有偿与无偿服务相结合，国家农业技术推广机构和社会力量相结合的农业技术推广体系，促使先进的农业技术尽快应用于农业生产。

第五十一条 国家设立的农业技术推广机构应当以农业技术试验示范基地为依托，承担公共所需的关键性技术的推广和示范等公益性职责，为农民和农业生产经营组织提供无偿农业技术服务。

县级以上人民政府应当根据农业生产发展需要，稳定和加强农业技术推广队伍，保障农业技术推广机构的工作经费。

各级人民政府应当采取措施，按照国家规定保障和改善从事农业技术推广工作的专业科技人员的工作条件、工资待遇和生活条件，鼓励他们为农业服务。

第五十二条 农业科研单位、有关学校、农民专业合作社、涉农企业、群众性科技组织及有关科技人员，根据农民和农业生产经营组织的需要，可以提供无偿服务，也可以通过技术转让、技术服务、技术承包、技术咨询和技术入股等形式，提供有偿服务，取得合法收益。农业科研单位、有关学校、农民专业合作社、涉农企业、群众性科技组织及有关科技人员应当提高服务水平，保证服务质量。

对农业科研单位、有关学校、农业技术推广机构举办的为农业服务的企业，国家在税收、信贷等方面给予优惠。

国家鼓励和支持农民、供销合作社、其他企业事业单位等参与农业技术推广工作。

第五十三条 国家建立农业专业技术人员继续教育制度。县级以上人民政府农业行政主管部门会同教育、人事等有关部门制定农业专业技术人员继续教育计划，并组织实施。

第五十四条 国家在农村依法实施义务教育，并保障义务教育经费。国家在农村举办的普通中小学校教职工工资由县级人民政府按照国家规定统一发放，校舍等教学设施的建设和维护经费由县级人民政府按照国家规定统一安排。

第五十五条 国家发展农业职业教育。国务院有关部门按照国家职业资格证书制度的统一规定，开展农业行业的职业分类、职业技能鉴定工作，管理农业行业的职业资格证书。

第五十六条 国家采取措施鼓励农民采用先进的农业技术，支持农民举办各种科技组织，开展农业实用技术培训、农民绿色证书培训和其他就业培训，提高农民的文化技术素质。

第八章　农业资源与农业环境保护

第五十七条　发展农业和农村经济必须合理利用和保护土地、水、森林、草原、野生动植物等自然资源，合理开发和利用水能、沼气、太阳能、风能等可再生能源和清洁能源，发展生态农业，保护和改善生态环境。

县级以上人民政府应当制定农业资源区划或者农业资源合理利用和保护的区划，建立农业资源监测制度。

第五十八条　农民和农业生产经营组织应当保养耕地，合理使用化肥、农药、农用薄膜，增加使用有机肥料，采用先进技术，保护和提高地力，防止农用地的污染、破坏和地力衰退。

县级以上人民政府农业行政主管部门应当采取措施，支持农民和农业生产经营组织加强耕地质量建设，并对耕地质量进行定期监测。

第五十九条　各级人民政府应当采取措施，加强小流域综合治理，预防和治理水土流失。从事可能引起水土流失的生产建设活动的单位和个人，必须采取预防措施，并负责治理因生产建设活动造成的水土流失。

各级人民政府应当采取措施，预防土地沙化，治理沙化土地。国务院和沙化土地所在地区的县级以上地方人民政府应当按照法律规定制定防沙治沙规划，并组织实施。

第六十条　国家实行全民义务植树制度。各级人民政府应当采取措施，组织群众植树造林，保护林地和林木，预防森林火灾，防治森林病虫害，制止滥伐、盗伐林木，提高森林覆盖率。

国家在天然林保护区域实行禁伐或者限伐制度，加强造林护林。

第六十一条　有关地方人民政府，应当加强草原的保护、建设和管理，指导、组织农（牧）民和农（牧）业生产经营组织建设人工草场、饲草饲料基地和改良天然草原，实行以草定畜，控制载畜量，推行划区轮牧、休牧和禁牧制度，保护草原植被，防止草原退化沙化和盐渍化。

第六十二条　禁止毁林毁草开垦、烧山开垦以及开垦国家禁止开垦的陡坡地，已经开垦的应当逐步退耕还林、还草。

禁止围湖造田以及围垦国家禁止围垦的湿地。已经围垦的，应当逐步退耕还湖、还湿地。

对在国务院批准规划范围内实施退耕的农民，应当按照国家规定予以补助。

第六十三条　各级人民政府应当采取措施，依法执行捕捞限额和禁渔、休渔制度，增殖渔业资源，保护渔业水域生态环境。

国家引导、支持从事捕捞业的农（渔）民和农（渔）业生产经营组织从事水产养殖业或者其他职业，对根据当地人民政府统一规划转产转业的农（渔）民，应当按照国家规定予以补助。

第六十四条　国家建立与农业生产有关的生物物种资源保护制度，保护生物多样性，对稀有、濒危、珍贵生物资源及其原生地实行重点保护。从境外引进生物物种资源应当依法进行登记或者审批，并采取相应安全控制措施。

农业转基因生物的研究、试验、生产、加工、经营及其他应用，必须依照国家规定严格实行各项安全控制措施。

第六十五条　各级农业行政主管部门应当引导农民和农业生产经营组织采取生物措施或者使用高效低毒低残留农药、兽药，防治动植物病、虫、杂草、鼠害。

农产品采收后的秸秆及其他剩余物质应当综合利用，妥善处理，防止造成环境污染和生态破坏。

从事畜禽等动物规模养殖的单位和个人应当对粪便、废水及其他废弃物进行无害化处理或者综合利用，从事水产养殖的单位和个人应当合理投饵、施肥、使用药物，防止造成环境污染和生态破坏。

第六十六条 县级以上人民政府应当采取措施，督促有关单位进行治理，防治废水、废气和固体废弃物对农业生态环境的污染。排放废水、废气和固体废弃物造成农业生态环境污染事故的，由环境保护行政主管部门或者农业行政主管部门依法调查处理；给农民和农业生产经营组织造成损失的，有关责任者应当依法赔偿。

第九章 农民权益保护

第六十七条 任何机关或者单位向农民或者农业生产经营组织收取行政、事业性费用必须依据法律、法规的规定。收费的项目、范围和标准应当公布。没有法律、法规依据的收费，农民和农业生产经营组织有权拒绝。

任何机关或者单位对农民或者农业生产经营组织进行罚款处罚必须依据法律、法规、规章的规定。没有法律、法规、规章依据的罚款，农民和农业生产经营组织有权拒绝。

任何机关或者单位不得以任何方式向农民或者农业生产经营组织进行摊派。除法律、法规另有规定外，任何机关或者单位以任何方式要求农民或者农业生产经营组织提供人力、财力、物力的，属于摊派。农民和农业生产经营组织有权拒绝任何方式的摊派。

第六十八条 各级人民政府及其有关部门和所属单位不得以任何方式向农民或者农业生产经营组织集资。

没有法律、法规依据或者未经国务院批准，任何机关或者单位不得在农村进行任何形式的达标、升级、验收活动。

第六十九条 农民和农业生产经营组织依照法律、行政法规的规定承担纳税义务。税务机关及代扣、代收税款的单位应当依法征税，不得违法摊派税款及以其他违法方法征税。

第七十条 农村义务教育除按国务院规定收取的费用外，不得向农民和学生收取其他费用。禁止任何机关或者单位通过农村中小学校向农民收费。

第七十一条 国家依法征收农民集体所有的土地，应当保护农民和农村集体经济组织的合法权益，依法给予农民和农村集体经济组织征地补偿，任何单位和个人不得截留、挪用征地补偿费用。

第七十二条 各级人民政府、农村集体经济组织或者村民委员会在农业和农村经济结构调整、农业产业化经营和土地承包经营权流转等过程中，不得侵犯农民的土地承包经营权，不得干涉农民自主安排的生产经营项目，不得强迫农民购买指定的生产资料或者按指定的渠道销售农产品。

第七十三条 农村集体经济组织或者村民委员会为发展生产或者兴办公益事业，需要向其成员（村民）筹资筹劳的，应当经成员（村民）会议或者成员（村民）代表会议过半数通过后，方可进行。

农村集体经济组织或者村民委员会依照前款规定筹资筹劳的，不得超过省级以上人民政府规定的上限控制标准，禁止强行以资代劳。

农村集体经济组织和村民委员会对涉及农民利益的重要事项，应当向农民公开，并定期公布财务账目，接受农民的监督。

第七十四条 任何单位和个人向农民或者农业生产经营组织提供生产、技术、信息、文化、保险等有偿服务，必须坚持自愿原则，不得强迫农民和农业生产经营组织接受服务。

第七十五条 农产品收购单位在收购农产品时，不得压级压价，不得在支付的价款中扣缴任何费用。法律、行政法规规定代扣、代收税款的，依照法律、行政法规的规定办理。

农产品收购单位与农产品销售者因农产品的质量等级发生争议的，可以委托具有法定资质的农产品质量检验机构检验。

第七十六条 农业生产资料使用者因生产资料质量问题遭受损失的，出售该生产资料的经营者应当予以赔偿，赔偿额包括购货价款、有关费用和可得利益损失。

第七十七条 农民或者农业生产经营组织为维护自身的合法权益，有向各级人民政府及其有关部门反映情况和提出合法要求的权利，人民政府及其有关部门对农民或者农业生产经营组织提出的合理要求，应当按照国家规定及时给予答复。

第七十八条 违反法律规定，侵犯农民权益的，农民或者农业生产经营组织可以依法申请行政复议或者向人民法院提起诉讼，有关人民政府及其有关部门或者人民法院应当依法受理。

人民法院和司法行政主管机关应当依照有关规定为农民提供法律援助。

第十章 农村经济发展

第七十九条 国家坚持城乡协调发展的方针，扶持农村第二、第三产业发展，调整和优化农村经济结构，增加农民收入，促进农村经济全面发展，逐步缩小城乡差别。

第八十条 各级人民政府应当采取措施，发展乡镇企业，支持农业的发展，转移富余的农业劳动力。

国家完善乡镇企业发展的支持措施，引导乡镇企业优化结构，更新技术，提高素质。

第八十一条 县级以上地方人民政府应当根据当地的经济发展

水平、区位优势和资源条件，按照合理布局、科学规划、节约用地的原则，有重点地推进农村小城镇建设。

地方各级人民政府应当注重运用市场机制，完善相应政策，吸引农民和社会资金投资小城镇开发建设，发展第二、第三产业，引导乡镇企业相对集中发展。

第八十二条 国家采取措施引导农村富余劳动力在城乡、地区间合理有序流动。地方各级人民政府依法保护进入城镇就业的农村劳动力的合法权益，不得设置不合理限制，已经设置的应当取消。

第八十三条 国家逐步完善农村社会救济制度，保障农村五保户、贫困残疾农民、贫困老年农民和其他丧失劳动能力的农民的基本生活。

第八十四条 国家鼓励、支持农民巩固和发展农村合作医疗和其他医疗保障形式，提高农民健康水平。

第八十五条 国家扶持贫困地区改善经济发展条件，帮助进行经济开发。省级人民政府根据国家关于扶持贫困地区的总体目标和要求，制定扶贫开发规划，并组织实施。

各级人民政府应当坚持开发式扶贫方针，组织贫困地区的农民和农业生产经营组织合理使用扶贫资金，依靠自身力量改变贫穷落后面貌，引导贫困地区的农民调整经济结构、开发当地资源。扶贫开发应当坚持与资源保护、生态建设相结合，促进贫困地区经济、社会的协调发展和全面进步。

第八十六条 中央和省级财政应当把扶贫开发投入列入年度财政预算，并逐年增加，加大对贫困地区的财政转移支付和建设资金投入。

国家鼓励和扶持金融机构、其他企业事业单位和个人投入资金支持贫困地区开发建设。

禁止任何单位和个人截留、挪用扶贫资金。审计机关应当加强扶贫资金的审计监督。

第十一章 执法监督

第八十七条 县级以上人民政府应当采取措施逐步完善适应社会主义市场经济发展要求的农业行政管理体制。

县级以上人民政府农业行政主管部门和有关行政主管部门应当加强规划、指导、管理、协调、监督、服务职责，依法行政，公正执法。

县级以上地方人民政府农业行政主管部门应当在其职责范围内健全行政执法队伍，实行综合执法，提高执法效率和水平。

第八十八条 县级以上人民政府农业行政主管部门及其执法人员履行执法监督检查职责时，有权采取下列措施：

（一）要求被检查单位或者个人说明情况，提供有关文件、证照、资料；

（二）责令被检查单位或者个人停止违反本法的行为，履行法定义务。

农业行政执法人员在履行监督检查职责时，应当向被检查单位或者个人出示行政执法证件，遵守执法程序。有关单位或者个人应当配合农业行政执法人员依法执行职务，不得拒绝和阻碍。

第八十九条 农业行政主管部门与农业生产、经营单位必须在机构、人员、财务上彻底分离。农业行政主管部门及其工作人员不得参与和从事农业生产经营活动。

第十二章 法律责任

第九十条 违反本法规定，侵害农民和农业生产经营组织的土地承包经营权等财产权或者其他合法权益的，应当停止侵害，恢复原状；造成损失、损害的，依法承担赔偿责任。

国家工作人员利用职务便利或者以其他名义侵害农民和农业生产经营组织的合法权益的，应当赔偿损失，并由其所在单位或者上级主管机关给予行政处分。

第九十一条 违反本法第十九条、第二十五条、第六十二条、第七十一条规定的，依照相关法律或者行政法规的规定予以处罚。

第九十二条 有下列行为之一的，由上级主管机关责令限期归还被截留、挪用的资金，没收非法所得，并由上级主管机关或者所在单位给予直接负责的主管人员和其他直接责任人员行政处分；构成犯罪的，依法追究刑事责任：

（一）违反本法第三十三条第三款规定，截留、挪用粮食收购资金的；

（二）违反本法第三十九条第二款规定，截留、挪用用于农业的财政资金和信贷资金的；

（三）违反本法第八十六条第三款规定，截留、挪用扶贫资金的。

第九十三条 违反本法第六十七条规定，向农民或者农业生产经营组织违法收费、罚款、摊派的，上级主管机关应当予以制止，并予公告；已经收取钱款或者已经使用人力、物力的，由上级主管机关责令限期归还已经收取的钱款或者折价偿还已经使用的人力、物力，并由上级主管机关或者所在单位给予直接负责的主管人员和其他直接责任人员行政处分；情节严重，构成犯罪的，依法追究刑事责任。

第九十四条 有下列行为之一的，由上级主管机关责令停止违法行为，并给予直接负责的主管人员和其他直接责任人员行政处分，责令退还违法收取的集资款、税款或者费用：

（一）违反本法第六十八条规定，非法在农村进行集资、达标、升级、验收活动的；

（二）违反本法第六十九条规定，以违法方法向农民征税的；

（三）违反本法第七十条规定，通过农村中小学校向农民超额、超项目收费的。

第九十五条 违反本法第七十三条第二款规定，强迫农民以资代劳的，由乡（镇）人民政府责令改正，并退还违法收取的资金。

第九十六条 违反本法第七十四条规定，强迫农民和农业生产经营组织接受有偿服务的，由有关人民政府责令改正，并返还其违法收取的费用；情节严重的，给予直接负责的主管人员和其他直接责任人员行政处分；造成农民和农业生产经营组织损失的，依法承担赔偿责任。

第九十七条 县级以上人民政府农业行政主管部门的工作人员违反本法规定参与和从事农业生产经营活动的，依法给予行政处分；构成犯罪的，依法追究刑事责任。

第十三章 附 则

第九十八条 本法有关农民的规定，适用于国有农场、牧场、林场、渔场等企业事业单位实行承包经营的职工。

第九十九条 本法自 2003 年 3 月 1 日起施行。

农业保险条例

中华人民共和国国务院令

第 666 号

《国务院关于修改部分行政法规的决定》已经 2016 年
1 月 13 日国务院第 119 次常务会议通过，现予公布，自公
布之日起施行。

李克强

2016 年 2 月 6 日

（2012 年 10 月 24 日国务院第 222 次常务会议通过；
根据 2016 年 2 月 6 日国务院令第 666 号《国务院关于修改
部分行政法规的决定》修正）

第一章 总 则

第一条 为了规范农业保险活动，保护农业保险活动当事人的
合法权益，提高农业生产抗风险能力，促进农业保险事业健康发

展，根据《中华人民共和国保险法》、《中华人民共和国农业法》等法律，制定本条例。

第二条　本条例所称农业保险，是指保险机构根据农业保险合同，对被保险人在种植业、林业、畜牧业和渔业生产中因保险标的遭受约定的自然灾害、意外事故、疫病、疾病等保险事故所造成的财产损失，承担赔偿保险金责任的保险活动。

本条例所称保险机构，是指保险公司以及依法设立的农业互助保险等保险组织。

第三条　国家支持发展多种形式的农业保险，健全政策性农业保险制度。

农业保险实行政府引导、市场运作、自主自愿和协同推进的原则。

省、自治区、直辖市人民政府可以确定适合本地区实际的农业保险经营模式。

任何单位和个人不得利用行政权力、职务或者职业便利以及其他方式强迫、限制农民或者农业生产经营组织参加农业保险。

第四条　国务院保险监督管理机构对农业保险业务实施监督管理。国务院财政、农业、林业、发展改革、税务、民政等有关部门按照各自的职责，负责农业保险推进、管理的相关工作。

财政、保险监督管理、国土资源、农业、林业、气象等有关部门、机构应当建立农业保险相关信息的共享机制。

第五条　县级以上地方人民政府统一领导、组织、协调本行政区域的农业保险工作，建立健全推进农业保险发展的工作机制。县级以上地方人民政府有关部门按照本级人民政府规定的职责，负责本行政区域农业保险推进、管理的相关工作。

第六条　国务院有关部门、机构和地方各级人民政府及其有关部门应当采取多种形式，加强对农业保险的宣传，提高农民和农业生产经营组织的保险意识，组织引导农民和农业生产经营组织积极参加农业保险。

第七条 农民或者农业生产经营组织投保的农业保险标的属于财政给予保险费补贴范围的，由财政部门按照规定给予保险费补贴，具体办法由国务院财政部门商国务院农业、林业主管部门和保险监督管理机构制定。

国家鼓励地方人民政府采取由地方财政给予保险费补贴等措施，支持发展农业保险。

第八条 国家建立财政支持的农业保险大灾风险分散机制，具体办法由国务院财政部门会同国务院有关部门制定。

国家鼓励地方人民政府建立地方财政支持的农业保险大灾风险分散机制。

第九条 保险机构经营农业保险业务依法享受税收优惠。

国家支持保险机构建立适应农业保险业务发展需要的基层服务体系。

国家鼓励金融机构对投保农业保险的农民和农业生产经营组织加大信贷支持力度。

第二章 农业保险合同

第十条 农业保险可以由农民、农业生产经营组织自行投保，也可以由农业生产经营组织、村民委员会等单位组织农民投保。

由农业生产经营组织、村民委员会等单位组织农民投保的，保险机构应当在订立农业保险合同时，制定投保清单，详细列明被保险人的投保信息，并由被保险人签字确认。保险机构应当将承保情况予以公示。

第十一条 在农业保险合同有效期内，合同当事人不得因保险标的的危险程度发生变化增加保险费或者解除农业保险合同。

第十二条 保险机构接到发生保险事故的通知后，应当及时进行现场查勘，会同被保险人核定保险标的的受损情况。由农业生产经营组织、村民委员会等单位组织农民投保的，保险机构应当将查勘定损结果予以公示。

保险机构按照农业保险合同约定，可以采取抽样方式或者其他方式核定保险标的的损失程度。采用抽样方式核定损失程度的，应当符合有关部门规定的抽样技术规范。

第十三条 法律、行政法规对受损的农业保险标的的处理有规定的，理赔时应当取得受损保险标的已依法处理的证据或者证明材料。

保险机构不得主张对受损的保险标的的残余价值的权利，农业保险合同另有约定的除外。

第十四条 保险机构应当在与被保险人达成赔偿协议后 10 日内，将应赔偿的保险金支付给被保险人。农业保险合同对赔偿保险金的期限有约定的，保险机构应当按照约定履行赔偿保险金义务。

第十五条 保险机构应当按照农业保险合同约定，根据核定的保险标的的损失程度足额支付应赔偿的保险金。

任何单位和个人不得非法干预保险机构履行赔偿保险金的义务，不得限制被保险人取得保险金的权利。

农业生产经营组织、村民委员会等单位组织农民投保的，理赔清单应当由被保险人签字确认，保险机构应当将理赔结果予以公示。

第十六条 本条例对农业保险合同未作规定的，参照适用《中华人民共和国保险法》中保险合同的有关规定。

第三章 经营规则

第十七条 保险机构经营农业保险业务，应当符合下列条件：

（一）有完善的基层服务网络；

（二）有专门的农业保险经营部门并配备相应的专业人员；

（三）有完善的农业保险内控制度；

（四）有稳健的农业再保险和大灾风险安排以及风险应对预案；

（五）偿付能力符合国务院保险监督管理机构的规定；

（六）国务院保险监督管理机构规定的其他条件。

除保险机构外，任何单位和个人不得经营农业保险业务。

第十八条 保险机构经营农业保险业务，实行自主经营、自负盈亏。

保险机构经营农业保险业务，应当与其他保险业务分开管理，单独核算损益。

第十九条 保险机构应当公平、合理地拟订农业保险条款和保险费率。属于财政给予保险费补贴的险种的保险条款和保险费率，保险机构应当在充分听取省、自治区、直辖市人民政府财政、农业、林业部门和农民代表意见的基础上拟订。

农业保险条款和保险费率应当依法报保险监督管理机构审批或者备案。

第二十条 保险机构经营农业保险业务的准备金评估和偿付能力报告的编制，应当符合国务院保险监督管理机构的规定。

农业保险业务的财务管理和会计核算需要采取特殊原则和方法的，由国务院财政部门制定具体办法。

第二十一条 保险机构可以委托基层农业技术推广等机构协助办理农业保险业务。保险机构应当与被委托协助办理农业保险业务的机构签订书面合同，明确双方权利义务，约定费用支付，并对协助办理农业保险业务的机构进行业务指导。

第二十二条 保险机构应当按照国务院保险监督管理机构的规定妥善保存农业保险查勘定损的原始资料。

禁止任何单位和个人涂改、伪造、隐匿或者违反规定销毁查勘定损的原始资料。

第二十三条 保险费补贴的取得和使用，应当遵守依照本条例第七条制定的具体办法的规定。

禁止以下列方式或者其他任何方式骗取农业保险的保险费补贴：

（一）虚构或者虚增保险标的或者以同一保险标的进行多次投保；

（二）以虚假理赔、虚列费用、虚假退保或者截留、挪用保险金、挪用经营费用等方式冲销投保人应缴的保险费或者财政给予的保险费补贴。

第二十四条 禁止任何单位和个人挪用、截留、侵占保险机构应当赔偿被保险人的保险金。

第二十五条 本条例对农业保险经营规则未作规定的，适用《中华人民共和国保险法》中保险经营规则及监督管理的有关规定。

第四章 法律责任

第二十六条 保险机构不符合本条例第十七条第一款规定条件经营农业保险业务的，由保险监督管理机构责令限期改正，停止接受新业务；逾期不改正或者造成严重后果的，处10万元以上50万元以下的罚款，可以责令停业整顿或者吊销经营保险业务许可证。

保险机构以外的其他组织或者个人非法经营农业保险业务的，由保险监督管理机构予以取缔，没收违法所得，并处违法所得1倍以上5倍以下的罚款；没有违法所得或者违法所得不足20万元的，处20万元以上100万元以下的罚款。

第二十七条 保险机构经营农业保险业务，有下列行为之一的，由保险监督管理机构责令改正，处 10 万元以上 50 万元以下的罚款；情节严重的，可以限制其业务范围、责令停止接受新业务：

（一）编制或者提供虚假的报告、报表、文件、资料；

（二）拒绝或者妨碍依法监督检查；

（三）未按照规定使用经批准或者备案的农业保险条款、保险费率。

第二十八条 保险机构经营农业保险业务，违反本条例规定，有下列行为之一的，由保险监督管理机构责令改正，处 5 万元以上 30 万元以下的罚款；情节严重的，可以限制其业务范围、责令停止接受新业务：

（一）未按照规定将农业保险业务与其他保险业务分开管理，单独核算损益；

（二）利用开展农业保险业务为其他机构或者个人牟取不正当利益；

（三）未按照规定申请批准农业保险条款、保险费率。

保险机构经营农业保险业务，未按照规定报送农业保险条款、保险费率备案的，由保险监督管理机构责令限期改正；逾期不改正的，处 1 万元以上 10 万元以下的罚款。

第二十九条 保险机构违反本条例规定，保险监督管理机构除依照本条例的规定给予处罚外，对其直接负责的主管人员和其他直接责任人员给予警告，并处 1 万元以上 10 万元以下的罚款；情节严重的，对取得任职资格或者从业资格的人员撤销其相应资格。

第三十条 违反本条例第二十三条规定，骗取保险费补贴的，由财政部门依照《财政违法行为处罚处分条例》的有关规定予以处理；构成犯罪的，依法追究刑事责任。

违反本条例第二十四条规定，挪用、截留、侵占保险金的，由有关部门依法处理；构成犯罪的，依法追究刑事责任。

第三十一条 保险机构违反本条例规定的法律责任，本条例未作规定的，适用《中华人民共和国保险法》的有关规定。

第五章 附 则

第三十二条 保险机构经营有政策支持的涉农保险，参照适用本条例有关规定。

涉农保险是指农业保险以外、为农民在农业生产生活中提供保险保障的保险，包括农房、农机具、渔船等财产保险，涉及农民的生命和身体等方面的短期意外伤害保险。

第三十三条 本条例自 2013 年 3 月 1 日起施行。

附 录

中央财政农业保险保险费补贴管理办法

财政部关于印发《中央财政农业保险保险费补贴管理办法》的通知

财金〔2016〕123 号

农业部、林业局，各省、自治区、直辖市、计划单列市财政厅（局），财政部驻各省、自治区、直辖市、计划单列市财政监察专员办事处，新疆生产建设兵团财务局，中国储备粮管理总公司、中国农业发展集团有限公司：

为做好中央财政农业保险保险费补贴工作，提高财政补贴资金使用效益，现将《中央财政农业保险保险费补贴管理办法》印发给你们，请遵照执行。执行中如遇相关问题，请及时函告我部。

附件：中央财政农业保险保险费补贴管理办法（略）

财政部

2016 年 12 月 19 日

第一章 总 则

第一条 为促进农业保险持续健康发展，完善农村金融服务体系，国家支持在全国范围内建立农业保险制度。为加强中央财政农业保险保险费补贴资金管理，更好服务"三农"，根据《预算法》、《农业保险条例》、《金融企业财务规则》等规定，制定本办法。

第二条　本办法所称中央财政农业保险保险费补贴，是指财政部对省级政府引导有关农业保险经营机构（以下简称经办机构）开展的符合条件的农业保险业务，按照保险费的一定比例，为投保农户、农业生产经营组织等提供补贴。

本办法所称经办机构，是指保险公司以及依法设立并开展农业保险业务的农业互助保险等保险组织。本办法所称农业生产经营组织，是指农民专业合作社、农业企业以及其他农业生产经营组织。

第三条　农业保险保险费补贴工作实行政府引导、市场运作、自主自愿、协同推进的原则。

（一）政府引导。财政部门通过保险费补贴等政策支持，鼓励和引导农户、农业生产经营组织投保农业保险，推动农业保险市场化发展，增强农业抗风险能力。

（二）市场运作。财政投入要与农业保险发展的市场规律相适应，以经办机构的商业化经营为依托，充分发挥市场机制作用，逐步构建市场化的农业生产风险保障体系。

（三）自主自愿。农户、农业生产经营组织、经办机构、地方财政部门等各方的参与都要坚持自主自愿，在符合国家规定的基础上，申请中央财政农业保险保险费补贴。

（四）协同推进。保险费补贴政策要与其他农村金融和支农惠农政策有机结合，财政、农业、林业、保险监管等有关单位积极协同配合，共同做好农业保险工作。

第二章　补贴政策

第四条　财政部提供保险费补贴的农业保险（以下简称补贴险

种）标的为关系国计民生和粮食、生态安全的主要大宗农产品，以及根据党中央、国务院有关文件精神确定的其他农产品。

鼓励各省、自治区、直辖市、计划单列市（以下简称各地）结合本地实际和财力状况，对符合农业产业政策、适应当地"三农"发展需求的农业保险给予一定的保险费补贴等政策支持。

第五条 中央财政补贴险种标的主要包括：

（一）种植业。玉米、水稻、小麦、棉花、马铃薯、油料作物、糖料作物。

（二）养殖业。能繁母猪、奶牛、育肥猪。

（三）森林。已基本完成林权制度改革、产权明晰、生产和管理正常的公益林和商品林。

（四）其他品种。青稞、牦牛、藏系羊（以下简称藏区品种）、天然橡胶，以及财政部根据党中央、国务院要求确定的其他品种。

第六条 对于上述补贴险种，全国各地均可自主自愿开展，经财政部确认符合条件的地区（以下简称补贴地区），财政部将按规定给予保险费补贴支持。

第七条 在地方自愿开展并符合条件的基础上，财政部按照以下规定提供保险费补贴：

（一）种植业。在省级财政至少补贴25%的基础上，中央财政对中西部地区补贴40%、对东部地区补贴35%；对纳入补贴范围的新疆生产建设兵团、中央直属垦区、中国储备粮管理总公司、中国农业发展集团有限公司等（以下统称中央单位），中央财政补贴65%。

（二）养殖业。在省级及省级以下财政（以下简称地方财政）至少补贴30%的基础上，中央财政对中西部地区补贴50%、对东部地区补贴40%；对中央单位，中央财政补贴80%。

（三）森林。公益林在地方财政至少补贴40%的基础上，中央财政补贴50%；对大兴安岭林业集团公司，中央财政补贴90%。商品林在省级财政至少补贴25%的基础上，中央财政补贴30%；对大兴安岭林业集团公司，中央财政补贴55%。

（四）藏区品种、天然橡胶。在省级财政至少补贴25%的基础上，中央财政补贴40%；对中央单位，中央财政补贴65%。

第八条 在上述补贴政策基础上，中央财政对产粮大县三大粮食作物保险进一步加大支持力度。

对省级财政给予产粮大县三大粮食作物农业保险保险费补贴比例高于25%的部分，中央财政承担高出部分的50%。其中，对农户负担保险费比例低于20%的部分，需先从省级财政补贴比例高于25%的部分中扣除，剩余部分中央财政承担50%。在此基础上，如省级财政进一步提高保险费补贴比例，并相应降低产粮大县的县级财政保险费负担，中央财政还将承担产粮大县县级补贴降低部分的50%。

当县级财政补贴比例降至0时，中央财政对中西部地区的补贴比例，低于42.5%（含42.5%）的，按42.5%确定；在42.5%—45%（含45%）之间的，按上限45%确定；在45%—47.5%（含47.5%）之间的，按上限47.5%确定。对中央单位符合产粮大县条件的下属单位，中央财政对三大粮食作物农业保险保险费补贴比例由65%提高至72.5%。

本办法所称三大粮食作物是指稻谷、小麦和玉米。本办法所称产粮大县是指根据财政部产粮（油）大县奖励办法确定的产粮大县。

第九条 鼓励省级财政部门结合实际，对不同险种、不同区域实施差异化的农业保险保险费补贴政策，加大对重要农产品、规模经营主体、产粮大县、贫困地区及贫困户的支持力度。

第三章 保险方案

第十条 经办机构应当公平、合理的拟订农业保险条款和费率。属于财政给予保险费补贴险种的保险条款和保险费率，经办机构应当在充分听取各地人民政府财政、农业、林业部门和农民代表意见的基础上拟订。

第十一条 补贴险种的保险责任应涵盖当地主要的自然灾害、重大病虫害和意外事故等；有条件的地方可稳步探索以价格、产量、气象的变动等作为保险责任，由此产生的保险费，可由地方财政部门给予一定比例补贴。

第十二条 补贴险种的保险金额，以保障农户及农业生产组织灾后恢复生产为主要目标，主要包括：

（一）种植业保险。原则上为保险标的生长期内所发生的直接物化成本（以最近一期价格等相关主管部门发布或认可的数据为准，下同），包括种子、化肥、农药、灌溉、机耕和地膜等成本。

（二）养殖业保险。原则上为保险标的的生理价值，包括购买价格和饲养成本。

（三）森林保险。原则上为林木损失后的再植成本，包括灾害木清理、整地、种苗处理与施肥、挖坑、栽植、抚育管理到树木成活所需的一次性总费用。

鼓励各地和经办机构根据本地农户的支付能力，适当调整保险金额。对于超出直接物化成本的保障部分，应当通过适当方式予以明确，由此产生的保险费，有条件的地方可以结合实际，提供一定的补贴，或由投保人承担。

第十三条 地方财政部门应会同有关部门逐步建立当地农业保险费率调整机制，合理确定费率水平。连续3年出现以下情形的，原则上应当适当降低保险费率，省级财政部门应当依法予以监督：

（一）经办机构农业保险的整体承保利润率超过其财产险业务平均承保利润率的；

（二）专业农业保险经办机构的整体承保利润率超过财产险行业平均承保利润率的；

（三）前两款中经办机构财产险业务或财产险行业的平均承保利润率为负的，按照近3年相关平均承保利润率的均值计算。

本办法所称承保利润率为1-综合成本率。

第十四条 经办机构应当合理设置补贴险种赔付条件，维护投保农户合法权益。补贴险种不得设置绝对免赔，科学合理的设置相对免赔。

第十五条 经办机构可以通过"无赔款优待"等方式，对本保险期限内无赔款的投保农户，在下一保险期限内给予一定保险费减免优惠。

农户、农业生产经营组织、地方财政、中央财政等按照相关规定，以农业保险实际保险费和各方保险费分担比例为准，计算各方应承担的保险费金额。

第十六条 补贴险种的保险条款应当通俗易懂、表述清晰，保单上应当明确载明农户、农业生产经营组织、地方财政、中央财政等各方承担的保险费比例和金额。

第四章 保障措施

第十七条 农业保险技术性强、参与面广，各地应高度重视，结合本地财政状况、农户承受能力等，制定切实可行的保险费补贴方案，积极稳妥推动相关工作开展。

鼓励各地和经办机构采取有效措施，加强防灾减损工作，防范逆向选择与道德风险。鼓励各地根据有关规定，对经办机构的展业、承保、查勘、定损、理赔、防灾防损等农业保险工作给予支持。

第十八条　各地和经办机构应当因地制宜确定具体投保模式，坚持尊重农户意愿与提高组织程度相结合，积极发挥农业生产经营组织、乡镇林业工作机构、村民委员会等组织服务功能，采取多种形式组织农户投保。

由农业生产经营组织、乡镇林业工作机构、村民委员会等单位组织农户投保的，经办机构应当在订立补贴险种合同时，制订投保清单，详细列明投保农户的投保信息，并由投保农户或其授权的直系亲属签字确认。

第十九条　各地和经办机构应当结合实际，研究制定查勘定损工作标准，对定损办法、理赔起点、赔偿处理等具体问题予以规范，切实维护投保农户合法权益。

第二十条　经办机构应当在与被保险人达成赔偿协议后 10 日内，将应赔偿的保险金支付给被保险人。农业保险合同对赔偿保险金的期限有约定的，经办机构应当按照约定履行赔偿保险金义务。

经办机构原则上应当通过财政补贴"一卡通"、银行转账等非现金方式，直接将保险赔款支付给农户。如果农户没有财政补贴"一卡通"和银行账户，经办机构应当采取适当方式确保将赔偿保险金直接赔付到户。

第二十一条　经办机构应当在确认收到农户、农业生产经营组织自缴保险费后，方可出具保险单，保险单或保险凭证应发放到户。经办机构应按规定在显著位置，或通过互联网、短信、微信等方式，将惠农政策、承保情况、理赔结果、服务标准和监管要求进行公示，做到公开透明。

第二十二条　财政部门应当认真做好保险费补贴资金的筹集、拨付、管理、结算等各项工作，与农业、林业、保险监管、水利、气象、宣传等部门，协同配合，共同把农业保险保险费补贴工作落到实处。

第五章　预算管理

第二十三条　农业保险保险费补贴资金实行专项管理、分账核算。财政部承担的保险费补贴资金，列入年度中央财政预算。省级财政部门承担的保险费补贴资金，由省级财政预算安排，省级以下财政部门承担的保险费补贴资金，由省级财政部门负责监督落实。

第二十四条　农业保险保险费补贴资金实行专款专用、据实结算。保险费补贴资金当年出现结余的，抵减下年度预算；如下年度不再为补贴地区，中央财政结余部分全额返还财政部。

第二十五条　省级财政部门及有关中央单位应于每年3月底之前，编制当年保险费补贴资金申请报告，并报送财政部，抄送财政监察专员办事处（以下简称专员办）。同时，对上年度中央财政农业保险保险费补贴资金进行结算，编制结算报告，并送对口专员办审核。当年资金申请和上年度资金结算报告内容主要包括：

（一）保险方案。包括补贴险种的经办机构、经营模式、保险品种、保险费率、保险金额、保险责任、补贴区域、投保面积、单位保险费、总保险费等相关内容。

（二）补贴方案。包括农户自缴保险费比例及金额、各级财政补贴比例及金额、资金拨付与结算等相关情况。

（三）保障措施。包括主要工作计划、组织领导、监督管理、承保、查勘、定损、理赔、防灾防损等相关措施。

（四）直接物化成本数据。价格等相关主管部门发布的最近一期农业生产直接物化成本数据（直接费用）。保险金额超过直接物化成本的，应当进行说明，并测算地方各级财政应承担的补贴金额。

（五）产粮大县情况。对申请产粮大县政策支持的，省级财政部门及有关中央单位应单独报告产粮大县三大粮食作物投保情况，包括产粮大县名单、产粮大县三大粮食作物种植面积、投保面积、保险金额、2015年以来各级财政补贴比例等。

（六）相关表格。省级财政部门及有关中央单位应填报上年度中央财政农业保险保险费补贴资金结算表（附件1、附件3），当年中央财政农业保险保险费补贴资金测算表（附件2、附件4）以及《农业保险保险费补贴资金到位承诺函》，专员办对上年度资金结算情况进行审核后，填报中央财政农业保险保险费补贴资金专员办确认结算表（附件1、附件3）。

（七）其他材料。财政部要求、地方财政部门认为应当报送或有必要进行说明的材料。

第二十六条　地方财政部门及有关中央单位对报送材料的真实性负责，在此基础上专员办履行审核职责。专员办重点审核上年度中央财政补贴资金是否按规定用途使用、相关险种是否属于中央财政补贴范围、中央财政补贴资金是否层层分解下达等。专员办可根据各地实际情况以及国家有关政策规定，适当扩大审核范围。

原则上，专员办应当在收到结算材料后1个月内，出具审核意见送财政部，并抄送相关财政部门或中央单位。省级财政部门及有关中央单位应当在收到专员办审核意见后10日内向财政部报送补贴资金结算材料，并附专员办审核意见。

第二十七条　省级财政部门及有关中央单位应加强和完善预算编制工作，根据补贴险种的投保面积、投保数量、保险金额、保险费率和保险费补贴比例等，测算下一年度各级财政应当承担的保险费补贴资金，并于每年10月10日前上报财政部，并抄送对口专员办。

第二十八条　对未按上述规定时间报送专项资金申请材料的地区，财政部和专员办不予受理，视同该年度该地区（单位）不申请中央财政农业保险保险费补贴。

第二十九条 对于省级财政部门和中央单位上报的保险费补贴预算申请，符合本办法规定条件的，财政部将给予保险费补贴支持。

第三十条 财政部在收到省级财政部门、中央单位按照本办法第二十五条规定报送的材料以及专员办审核意见，结合预算收支和已预拨保险费补贴资金等情况，清算上年度并拨付当年剩余保险费补贴资金。

对以前年度中央财政补贴资金结余较多的地区，省级财政部门（中央单位）应当进行说明。对连续两年结余资金较多且无特殊原因的地方（中央单位），财政部将根据预算管理相关规定，结合当年中央财政收支状况、地方（中央单位）实际执行情况等，收回中央财政补贴结余资金，并酌情扣减该地区（单位）当年预拨资金。

第三十一条 省级财政部门在收到中央财政补贴资金后，原则上应在1个月内对保险费补贴进行分解下达。地方财政部门应当根据农业保险承保进度及签单情况，及时向经办机构拨付保险费补贴资金，不得拖欠。

第三十二条 省级财政部门应随时掌握补贴资金的实际使用情况，及时安排资金支付保险费补贴，确保农业保险保单依法按时生效。对中央财政应承担的补贴资金缺口，省级财政部门可在次年向财政部报送资金结算申请时一并提出。

第三十三条 保险费补贴资金支付按照国库集中支付制度有关规定执行。

上级财政部门通过国库资金调度将保险费补贴资金逐级拨付下级财政部门。保险费补贴资金不再通过中央专项资金财政零余额账户和中央专项资金特设专户支付。

有关中央单位的保险费补贴资金，按照相关预算管理体制拨付。

第六章　机构管理

第三十四条　省级财政部门或相关负责部门应当根据相关规定，建立健全补贴险种经办机构评选、考核等相关制度，按照公平、公正、公开和优胜劣汰的原则，通过招标等方式确定符合条件的经办机构，提高保险服务水平与质量。招标时要考虑保持一定期限内县域经办机构的稳定，引导经办机构加大投入，提高服务水平。

第三十五条　补贴险种经办机构应当满足以下条件：

（一）经营资质。符合保险监督管理部门规定的农业保险业务经营条件，具有经保险监管部门备案或审批的保险产品。

（二）专业能力。具备专门的农业保险技术人才、内设机构及业务管理经验，能够做好条款设计、费率厘定、承保展业、查勘定损、赔偿处理等相关工作。

（三）机构网络。在拟开展补贴险种业务的县级区域具有分支机构，在农村基层具有服务站点，能够深入农村基层提供服务。

（四）风险管控。具备与其业务相适应的资本实力、完善的内控制度、稳健的风险应对方案和再保险安排。

（五）信息管理。信息系统完善，能够实现农业保险与其他保险业务分开管理，单独核算损益，满足信息

（六）国家及各地规定的其他条件。

第三十六条　经办机构要增强社会责任感，兼顾社会效益与经济效益，把社会效益放在首位，不断提高农业保险服务水平与质量：

（一）增强社会责任感，服务"三农"全局，统筹社会效益与经济效益，积极稳妥做好农业保险工作；

（二）加强农业保险产品与服务创新，合理拟定保险方案，改善承保工作，满足日益增长的"三农"保险需求；

（三）发挥网络、人才、管理、服务等专业优势，迅速及时做好灾后查勘、定损、理赔工作；

（四）加强宣传公示，促进农户了解保险费补贴政策、保险条款及工作进展等情况；

（五）强化风险管控，预防为主、防赔结合，协助做好防灾防损工作，通过再保险等有效分散风险；

（六）其他工作。

第三十七条 经办机构应当按照《财政部关于印发〈农业保险大灾风险准备金管理办法〉的通知》（财金〔2013〕129号）的规定，及时、足额计提农业保险大灾风险准备金，逐年滚存，逐步建立应对农业大灾风险的长效机制。

第三十八条 除农户委托外，地方财政部门不得引入中介机构，为农户与经办机构办理中央财政补贴险种合同签订等有关事宜。中央财政补贴险种的保险费，不得用于向中介机构支付手续费或佣金。

第七章 监督检查

第三十九条 省级财政部门应当按照中央对地方专项转移支付绩效评价有关规定，建立和完善农业保险保险费补贴绩效评价制度，并探索将其与完善农业保险政策、评选保险经办机构等有机结合。

农业保险保险费补贴主要绩效评价指标原则上应当涵盖政府部门（预算单位）、经办机构、综合效益等。各单位可结合实际，对相关指标赋予一定的权重或分值，或增加适应本地实际的其他指标，合理确定农业保险保险费补贴绩效评价结果。

各省级财政部门应于每年 8 月底之前将上年度农业保险保险费补贴绩效评价结果报财政部，同时抄送对口专员办。

第四十条 财政部将按照"双随机、一公开"等要求，定期或不定期对农业保险保险费补贴工作进行监督检查，对农业保险保险费补贴资金使用情况和效果进行评价，作为研究完善政策的参考依据。

地方各级财政部门应当建立健全预算执行动态监控机制，加强对农业保险保险费补贴资金动态监控，定期自查本地区农业保险保险费补贴工作，财政部驻各地财政监察专员办事处应当定期或不定期抽查，有关情况及时报告财政部。

第四十一条 禁止以下列方式骗取农业保险保险费补贴：

（一）虚构或者虚增保险标的，或者以同一保险标的进行多次投保；

（二）通过虚假理赔、虚列费用、虚假退保或者截留、代领或挪用赔款、挪用经营费用等方式，冲销投保农户缴纳保险费或者财政补贴资金；

（三）其他骗取农业保险保险费补贴资金的方式。

第四十二条 对于地方财政部门、经办机构以任何方式骗取保险费补贴资金的，财政部及专员办将责令其改正并追回相应保险费补贴资金，视情况暂停其中央财政农业保险保险费补贴资格等，专员办可向财政部提出暂停补贴资金的建议。

各级财政、专员办及其工作人员在农业保险保险费补贴专项资金审核工作中，存在报送虚假材料、违反规定分配资金、向不符合条件的单位分配资金或者擅自超出规定的范围或者标准分配或使用专项资金，以及滥用职权、玩忽职守、徇私舞弊等违法违纪行为的，按照《预算法》、《公务员法》、《行政监察法》、《财政违法行为处罚处分条例》等国家有关规定追究相应责任；涉嫌犯罪的，移送司法机关处理。

第八章 附 则

第四十三条 各地和经办机构应当根据本办法规定，及时制定和完善相关实施细则。

第四十四条 本办法自2017年1月1日起施行。《财政部关于印发〈中央财政种植业保险保险费补贴管理办法〉的通知》（财金〔2008〕26号）、《财政部关于印发〈中央财政养殖业保险保险费补贴管理办法〉的通知》（财金〔2008〕27号）、《财政部关于中央财政森林保险保险费补贴试点工作有关事项的通知》（财金〔2009〕25号）同时废止，其他有关规定与本办法不符的，以本办法为准。

附件1. 中央财政农业保险保险费补贴资金结算表（不包括产粮大县）（略）

附件2. 中央财政农业保险保险费补贴资金测算表（不包括产粮大县）（略）

附件3. 中央财政产粮大县三大粮食作物农业保险保险费补贴资金结算表（略）

附件4. 中央财政产粮大县三大粮食作物农业保险保险费补贴资金测算表（略）

农业保险承保理赔管理暂行办法

中国保监会关于印发《农业保险承保理赔
管理暂行办法》的通知

保监发〔2015〕31 号

各保监局、中国保险行业协会、中国保险信息技术管理有
限责任公司、各财产保险公司、中国财产再保险有限责任
公司：

为进一步贯彻落实《农业保险条例》，规范农业保险
承保理赔业务管理，切实维护参保农户利益，确保国家强
农惠农富农政策有效落实。经会签财政部、农业部，我会
制定了《农业保险承保理赔管理暂行办法》，现印发给你
们，请遵照执行。

中国保监会

2015 年 3 月 17 日

第一章 总 则

第一条 为规范农业保险承保理赔业务管理，切实维护参保农
户利益，防范农业保险经营风险，保障农业保险持续健康发展，根
据《中华人民共和国保险法》、《农业保险条例》等相关法律法规，
制定本办法。

第二条 本办法适用于种植业保险和养殖业保险业务。价格保
险和指数保险等创新型业务、以及森林保险业务另行规定。

第二章　承保管理

第一节　投　保

第三条　保险公司应严格履行明确说明义务，在投保单、保险单上作出足以引起投保人注意的提示，并向投保人说明投保险种的保险责任、责任免除、合同双方权利义务、理赔标准和方式等条款重要内容。由农业生产经营组织或村民委员会组织农户投保的，可组织投保人、被保险人集中召开宣传说明会，现场发放投保险种的保险条款，讲解保险条款中的重点内容。

第四条　保险公司和组织投保的单位应确保农户的知情权和自主权，不得欺骗误导农户投保，不得以不正当手段强迫农户投保或限制农户投保。

保险公司及其工作人员不得向投保人、被保险人承诺给予保险合同约定以外的保险费回扣或者其他利益。

第五条　保险公司应准确完整记录投保信息。投保信息应至少包括：

（一）客户信息。投保人和被保险人姓名或者组织名称、身份证号码或组织机构代码、联系方式、居住地址；

（二）保险标的信息。保险标的数量、地块或村组位置（种植业）、养殖地点和标识信息（养殖业）；

（三）其他信息。投保险种、保费金额、保险费率、自缴保费、保险金额、保险期间。

上述信息应在业务系统中设置为必录项，确保投保信息规范、完整、准确。

第二节　承　保

第六条　保险公司应根据保险标的风险状况和分布情况，采用全检或者抽查的方式查验标的，核查保险标的位置、数量、权属和风险状况。条件允许的，保险公司应从当地农业、国土资源、财政等部门或相关机构取得保险标的有关信息，以核对承保信息的真实性。

承保种植业保险，应查验被保险人土地承包经营权证书或土地承包经营租赁合同。被保险人确实无法提供的，应由相关主管部门出具证明材料。承保养殖业保险，应查验保险标的存栏数量、防灾防疫、标识佩戴等情况。被保险人为规模养殖场的，应查验经营许可资料。

保险公司应对标的查验情况进行拍摄，影像应能反映查验人员、查验日期、承保标的特征和规模，确保影像资料清晰、完整、未经任何修改，并上传至业务系统作为核保的必要内容。

第七条 农业生产经营组织或村民委员会组织农户投保的，应制作分户投保清单，详细列明被保险人及保险标的信息。投保清单在农业生产经营组织或者村民委员会核对并盖章确认后，保险公司应以适当方式在村级或农业生产经营组织公共区域进行不少于3天的公示。如农户提出异议，应在调查确认后据实调整。确认无误后，应将投保分户清单录入业务系统。

第三节 核　保

第八条 保险公司应在业务系统中注明投保人身份，严格审核保险标的权属，不得将对保险标的不具有保险利益的组织或个人确认为被保险人。

保险公司应确认由投保人或被保险人本人在承保业务单证（包括分户投保清单）上签字或盖章。特殊情形可以由投保人或被保险人直系亲属代为办理，同时注明其与被保险人的关系。

第九条 保险公司应加强核保管理，合理设置核保权限，由省级分公司或总公司集中核保。对投保清单、保险标的权属及数量、实地验标、承保公示等关键要素进行严格审核，不符合规定要求和缺少相关内容的，不得核保通过。

第十条 保险公司应加强批改管理，对于重要承保信息的批改，应由省级分公司或总公司审批。

第四节　收费出单

第十一条 保险公司应在确认收到农户自缴保费后，方可出具保险单。保险单或保险凭证应发放到户。

第十二条 对享受国家财政补贴的险种，保险公司应按规定及时向有关部门提供承保信息，以便协调结算财政补贴资金。

第三章　理赔管理

第十三条 保险公司应以保障投保农户合法权益为出发点，贯彻"主动、迅速、科学、合理"的原则，重合同、守信用，做好理赔工作。

第一节　报　案

第十四条 保险公司应加强接报案管理，保持报案渠道畅通。农业保险报案应由省级分公司或总公司集中受理，报案信息应及时准确录入业务系统。对于省级以下分支机构或经办人员直接收到农户报案的，保险公司应引导或协助农户报案。对于超出报案时限的案件，应在业务系统中录入延迟报案的具体原因。

接到报案后，应及时生成报案号记录和分派查勘任务，并即时通知报案人后续工作安排。

第二节　查勘定损

第十五条 保险公司应在接到报案后 24 小时内进行现场查勘，

因不可抗力或重大灾害等原因难以及时到达的，应及时与报案人联系并说明原因。

发生大面积种植业灾害，保险公司可依照相关农业技术规范抽取样本测定保险标的损失程度。鼓励保险公司委托农业技术等专业第三方机构协助制定查勘规范。

发生养殖业事故，保险公司应对死亡标的拍摄，并将其标识录入业务系统，保险公司业务系统应具备标识唯一性的审核、校验功能，出险标的耳号标识应在业务系统内自动注销。保险公司应配合相关主管部门督促养殖户依照国家规定对病死标的进行无害化处理，并将无害化处理作为理赔的前提条件，不能确认无害化处理的，不予赔偿。

第十六条 保险公司应对损失情况进行拍摄，查勘影像应能体现查勘人员、拍摄位置、拍摄日期、被保险人或其代理人、受损标的特征、规模或损失程度，确保影像资料清晰、完整、未经任何修改，并上传业务系统作为核赔的必要档案。

第十七条 查勘结束后，保险公司应及时缮制查勘报告。查勘报告要注明查勘时间和地点，并对标的受损情况、事故原因以及是否属于保险责任等方面提出明确意见。查勘报告应根据现场查勘的原始记录缮制，原始记录应由查勘人员和被保险人签字确认，不得遗失、补记和做任何修改。

第十八条 保险公司应及时核定损失。种植业保险发生保险事故造成绝收的，应在接到报案后20日内完成损失核定；发生保险事故造成部分损失的，应在农作物收获后20日内完成损失核定。养殖业保险应在接到报案后3日内完成损失核定。发生重大灾害、大范围疫情以及其他特殊情形除外。

对于损失核定需要较长时间的，保险公司应做好解释说明工作。

第十九条　保险公司应根据定损标准和规范科学定损，并做到定损结果确定到户。省级分公司或总公司应对原始定损结果进行抽查。

第二十条　保险公司应加强案件拒赔管理。对于不属于保险责任的，应在核定之日起 3 日内向被保险人发出拒赔通知书，并做好解释说明工作。查勘照片、查勘报告和拒赔通知书等理赔材料应上传业务系统管理。

第三节　立　案

第二十一条　保险公司应在确认保险责任后，及时立案。报案后超过 10 日尚未立案的，业务系统应强制自动立案。保险公司应逐案进行立案估损，并根据查勘定损情况及时调整估损金额。

第四节　理赔公示

第二十二条　农业生产经营组织、村民委员会等组织农户投保种植业保险的，保险公司应将查勘定损结果、理赔结果在村级或农业生产经营组织公共区域进行不少于 3 天的公示。保险公司应根据公示反馈结果制作分户理赔清单，列明被保险人姓名、身份证号、银行账号和赔款金额，由被保险人或其直系亲属签字确认。农户提出异议的，保险公司应进行调查核实后据实调整，并将结果反馈。

第五节　核　赔

第二十三条　保险公司应加强核赔管理，合理设置核赔权限。原则上，权限应集中至省级分公司或总公司。

第二十四条　保险公司应对查勘报告、损失清单、查勘影像、公示材料等关键要素进行严格审核，重点核实赔案的真实性和定损结果的合理性。

第六节　赔款支付

第二十五条　属于保险责任的，保险公司应在与被保险人达成赔偿协议后 10 日内支付赔款。农业保险合同对赔偿保险金的期限有约定的，保险公司应当按照约定履行赔偿保险金义务。

第二十六条　农业保险赔款原则上应通过转账方式支付到被保险人银行账户，并留存有效支付凭证。财务支付的收款人名称应与被保险人一致。

第四章　协办业务管理

第二十七条　保险公司应加强自身能力建设，自主经营，自设网点。在基层服务网点不健全的区域，可以委托基层财政、农业等机构协助办理农业保险业务。

第二十八条　保险公司委托基层财政、农业等机构协助办理农业保险业务的，应按照公平、自主自愿的原则，与协办机构签订书面合同，明确双方权利义务，并由协办机构指派相关人员具体办理农业保险业务。保险公司应将每年确定的协办机构和人员名单报所在地区保险监管部门备案。

第二十九条　保险公司应定期对协办人员开展培训，包括国家政策、监管要求、经办流程、人员责任等。

第三十条　协办业务双方应按照公平、公正、按劳取酬的原则，合理确定工作费用，并建立工作费用激励约束机制。保险公司应加强工作费用管理，确保工作费用仅用于协助办理农业保险业务，不得挪作他用。工作费用应通过转账方式支付。

除工作费用外，保险公司不得给予或承诺给予协办机构、协办人员合同约定以外的回扣或其他利益。

第三十一条　保险公司应加强对协办业务的管理，确保其规范运作。要制定协办业务管理办法，加强对协办业务的指导和管理。应当将协办业务的合规性列为公司内部审计的重点，发现问题及时处理、纠正。

各地保监局应结合本地实际情况，确定保险公司可以委托第三方机构协办的业务种类、业务比例及对协办业务的抽查比例等。

第五章　内控管理

第三十二条　保险公司应建立客户回访制度。被保险人为规模经营主体的，应实现全部回访，其他被保险人应抽取一定比例回访。承保环节重点回访核实保险标的权属和数量、自缴保费、告知义务履行以及承保公示等情况。理赔环节重点回访核实受灾品种、损失情况、查勘定损过程、赔款支付、理赔公示等情况。保险公司应详细记录回访时间、地点、对象和回访结果等内容，并留存回访录音或走访记录等资料备查。

第三十三条　保险公司应建立投诉处理制度。农户投诉农业保险相关事项的，保险公司应及时受理、认真调查，在规定时限内做出答复。

第三十四条　保险公司应建立农业保险分级审核制度，根据承保、理赔涉及的数量和金额合理确定审核权限，留存审核手续，落实各层级、各环节的管理责任。

第三十五条　保险公司应建立农业保险内部稽核制度，根据《农业保险条例》、有关监管规定以及公司内控制度，定期对分支机构农业保险业务进行核查，并将核查结果及时报告保险监管部门。

第三十六条　保险公司应建立档案管理制度。承保档案应包括投保单、保险单、实地查验影像、公示影像、保费发票或收据等资料。理赔档案应包括出险通知书或索赔申请书、查勘报告、查勘影像、公示影像、赔款支付证明等资料。公示影像资料应能够反映拍摄日期、地点和公示内容。上述资料应及时归档、集中管理、妥善保管。

第三十七条 保险公司应加强防灾防损工作，根据农业灾害特点，因地制宜地开展预警、防灾、减损等工作，提高农业抵御风险的能力。

第三十八条 保险公司应加强信息管理系统建设，实现农业保险全流程系统管理，承保、理赔、再保险和财务系统应无缝对接。信息管理系统应能够实时监控承保理赔情况，具备数据管理和统计分析功能。

第三十九条 保险公司应加强服务能力建设，建立分支机构服务能力标准，完善基层服务网络，提高业务人员素质，确保服务能力和业务规模相匹配。

第六章 附　则

第四十条 保险公司应根据本办法制定公司农业保险承保理赔业务管理实施细则，并报保监会备案。

第四十一条 农业互助保险组织参照执行。

第四十二条 本办法未作规定的，适用《保险法》、《农业保险条例》中的经营规则和监督管理的有关规定。

第四十三条 本办法自2015年4月1日起施行，实施期限为三年。《关于加强农业保险承保管理工作的通知》（保监产险〔2011〕455号）和《关于加强农业保险理赔管理工作的通知》（保监发〔2012〕6号）同时废止。

农业保险大灾风险准备金管理办法

财政部关于印发《农业保险大灾风险
准备金管理办法》的通知

财金〔2013〕129号

各有关保险机构，各省、自治区、直辖市、计划单列市财
政厅（局），新疆生产建设兵团财务局，财政部驻各省、自
治区、直辖市、计划单列市财政监察专员办事处：

为贯彻落实《农业保险条例》、《国务院办公厅关于
金融支持经济结构调整和转型升级的指导意见》（国办发
〔2013〕67号）等有关要求，进一步完善农业保险大灾风
险分散机制，规范农业保险大灾风险准备金管理，促进农
业保险持续健康发展，现印发《农业保险大灾风险准备金
管理办法》，请遵照执行。

附件：农业保险大灾风险准备金管理办法

财政部

2013 年 12 月 8 日

第一章 总 则

第一条 为进一步完善农业保险大灾风险分散机制，规范农业
保险大灾风险准备金（以下简称大灾准备金）管理，促进农业保险
持续健康发展，根据《农业保险条例》、《金融企业财务规则》及
中央财政农业保险保费补贴政策等相关规定，制定本办法。

第二条　本办法所称大灾准备金，是指农业保险经办机构（以下简称保险机构）根据有关法律法规和本办法规定，在经营农业保险过程中，为增强风险抵御能力、应对农业大灾风险专门计提的准备金。

第三条　本办法适用于各级财政按规定给予保费补贴的种植业、养殖业、林业等农业保险业务（以下简称农业保险）。

第四条　大灾准备金的管理遵循以下原则：

（一）独立运作。保险机构根据本办法规定自主计提、使用和管理大灾准备金，对其实行专户管理、独立核算。

（二）因地制宜。保险机构根据本办法规定，结合不同区域风险特征、当地农业保险工作实际和自身风险管控能力等，合理确定大灾准备金的计提比例。

（三）分级管理。保险机构总部与经营农业保险的省级分支机构（以下简称相关省级分支机构），根据本办法规定，计提、使用和管理大灾准备金，并依法接受相关部门的监督。

（四）统筹使用。保险机构计提的大灾准备金可以在本机构农业保险各险种之间、相关省级分支机构之间统筹使用，专门用于弥补农业大灾风险损失。

第二章　大灾准备金的计提

第五条　保险机构应当根据本办法规定，分别按照农业保险保费收入和超额承保利润的一定比例，计提大灾准备金（以下分别简称保费准备金和利润准备金），逐年滚存。

第六条　保险机构应当按照相关规定，公平、合理拟订农业保险条款与费率，结合风险损失、经营状况等建立健全费率调整机制。

保险机构农业保险实现承保盈利，且承保利润率连续3年高于财产险行业承保利润率，原则上应当适当降低农业保险盈利险种的保险费率，省级财政部门应当依法予以监督。

本办法所称承保利润率为"1-综合成本率"。其中，财产险行业综合成本率以行业监管部门发布数据为准，保险机构综合成本率以经审计的数据为准。

第七条　保险机构计提保费准备金，应当分别以种植业、养殖业、森林等大类险种（以下简称大类险种）的保费收入为计提基础。

保险机构总部经营农业保险的，参照所在地省级分支机构计提保费准备金。

本办法所称保费收入为自留保费，即保险业务收入减去分出保费的净额（按照国内企业会计准则）。

第八条　保险机构计提保费准备金的比例，由保险机构按照《农业保险大灾风险准备金计提比例表》（见附件）规定的区间范围，在听取省级财政等有关部门意见的基础上，结合农业灾害风险水平、风险损失数据、农业保险经营状况等因素合理确定。

计提比例一旦确定，原则上应当保持3年以上有效。期间，如因特殊情况须调整计提比例，应当由保险机构总部商相关省级财政部门同意后，自下一年度进行调整。

第九条　保险机构计提保费准备金，滚存余额达到当年农业保险自留保费的，可以暂停计提。

第十条　保险机构经营农业保险实现年度及累计承保盈利，且满足以下条件的，其总部应当在依法提取法定公积金、一般（风险）准备金后，从年度净利润中计提利润准备金，计提标准为超额承保利润的75%（如不足超额承保利润的75%，则全额计提），不得将其用于分红、转增资本：

（一）保险机构农业保险的整体承保利润率超过其自身财产险

业务承保利润率，且农业保险综合赔付率低于70%；

（二）专业农业保险机构的整体承保利润率超过其自身与财产险行业承保利润率的均值，且其综合赔付率低于70%；

（三）前两款中，保险机构自身财产险业务承保利润率、专业农业保险机构自身与财产险行业承保利润率的均值为负的，按照其近3年的均值（如近3年均值为负或不足3年则按0确定），计算应当计提的利润准备金。

其中，财产险行业综合赔付率以行业监管部门发布数据为准，保险机构综合赔付率以经审计的数据为准。

第十一条　保险机构应当按照相关规定，及时足额计提大灾准备金，并在年度财务报表中予以反映，逐年滚存，逐步积累应对农业大灾风险的能力。

第三章　大灾准备金的使用

第十二条　大灾准备金专项用于弥补农业大灾风险损失，可以在农业保险各大类险种之间统筹使用。

保险机构使用大灾准备金，应当履行内部相关程序。

第十三条　保险机构应当以农业保险大类险种的综合赔付率，作为使用大灾准备金的触发标准。

第十四条　当出现以下情形时，保险机构可以使用大灾准备金：

（一）保险机构相关省级分支机构或总部，其当年6月末、12月末的农业保险大类险种综合赔付率超过75%（具体由保险机构结合实际确定，以下简称大灾赔付率），且已决赔案中至少有1次赔案的事故年度已报告赔付率不低于大灾赔付率，可以在再保险的基础上，使用本机构本地区的保费准备金。

（二）根据前款规定不足以支付赔款的，保险机构总部可以动用利润准备金；仍不足的，可以通过统筹其各省级分支机构大灾准备金，以及其他方式支付赔款。

本办法所称事故年度已报告赔付率＝（已决赔款＋已发生已报告赔案的估损金额）/已赚保费。

第十五条 大灾准备金的使用额度，以农业保险大类险种实际赔付率超过大灾赔付率部分对应的再保后已发生赔款为限。

保险机构应当采取有效措施，及时足额支付应赔偿的保险金，不得违规封顶赔付。

本办法所称再保后已发生赔款＝已决赔款−摊回分保赔款。

第四章　大灾准备金的管理

第十六条 保险机构应当按照专户管理、独立核算的原则，加强大灾准备金管理。

第十七条 保险机构当期计提的保费准备金，在成本中列支，计入当期损益。

保险机构计提的利润准备金，在所有者权益项下列示。财务处理参照《金融企业财务规则》相关准备金规定执行。

第十八条 保险机构应当根据保险资金运用的有关规定，按照其内部投资管理制度，审慎开展大灾准备金的资金运用，资金运用收益纳入大灾准备金专户管理。

第十九条 保险机构应当与有关方面加强防灾防损，通过再保险等方式，多渠道分散农业大灾风险。

第二十条 保险机构计提大灾准备金，按税收法律及其有关规定享受税前扣除政策。

第二十一条 保险机构不再经营农业保险的，可以将以前年度计提的保费准备金作为损益逐年转回，并按照国家税收政策补缴企业所得税。对利润准备金，可以转入一般（风险）准备金，按照相关规定使用。

第二十二条 各级财政、行业监管部门依法对大灾准备金的计提、管理、使用等实施监督。

第二十三条 保险机构应当按规定及时足额计提大灾准备金，并于每年 5 月底之前，将上年度大灾准备金的计提、使用、管理等情况报告同级财政部门、行业监管部门。

省级财政部门应当于每年 6 月底之前，将本地区保险机构大灾准备金的计提、使用、管理等情况报告财政部。

第五章 附 则

第二十四条 保险机构应当根据本办法规定，制定、完善大灾准备金管理实施细则，并报同级财政部门。

第二十五条 鼓励地方政府通过多种形式，防范和分散农业大灾风险。

第二十六条 非公司制的农业互助保险组织的大灾准备金管理办法另行制定。

第二十七条 本办法自 2014 年 1 月 1 日起施行。财政部此前发布的有关规定与本办法不一致的，以本办法为准。

保险机构在本办法生效之前计提的大灾准备金，按照本办法规定管理和使用。

附件

农业保险大灾风险准备金计提比例表

根据《农业保险大灾风险准备金管理办法》规定，结合各地区种植业、养殖业、森林等农业保险工作情况，依据相关经验数据和保险精算原理，保险机构应当按照农业保险保费收入的一定比例计提保费准备金，具体比例区间如下：

序号	地区	保费准备金计提比例区间		
		种植业保险	养殖业保险	森林保险
1	北京	6%—8%	3%—4%	4%—6%
2	天津	2%—4%	3%—4%	4%—6%
3	河北	4%—6%	2%—3%	4%—6%
4	山西	4%—6%	3%—4%	6%—8%
5	内蒙古	6%—8%	2%—3%	8%—10%
6	辽宁	6%—8%	3%—4%	6%—8%
7	吉林	6%—8%	3%—4%	8%—10%
8	黑龙江	6%—8%	2%—3%	8%—10%
9	上海	4%—6%	1%—2%	4%—6%
10	江苏	2%—4%	2%—3%	4%—6%
11	浙江	4%—6%	3%—4%	8%—10%
12	安徽	6%—8%	2%—3%	4%—6%
13	福建	4%—6%	3%—4%	8%—10%
14	江西	6%—8%	2%—3%	8%—10%
15	山东	6%—8%	3%—4%	6%—8%
16	河南	4%—6%	3%—4%	4%—6%
17	湖北	6%—8%	3%—4%	6%—8%
18	湖南	6%—8%	2%—3%	8%—10%
19	广东	4%—6%	3%—4%	6%—8%
20	广西	4%—6%	3%—4%	8%—10%
21	海南	6%—8%	3%—4%	8%—10%
22	重庆	2%—4%	2%—3%	6%—8%
23	四川	4%—6%	2%—3%	6%—8%
24	贵州	6%—8%	3%—4%	8%—10%

序号	地区	保费准备金计提比例区间		
		种植业保险	养殖业保险	森林保险
25	云南	6%—8%	3%—4%	8%—10%
26	西藏	4%—6%	1%—2%	6%—8%
27	陕西	6%—8%	3%—4%	6%—8%
28	甘肃	2%—4%	1%—2%	6%—8%
29	青海	6%—8%	2%—3%	6%—8%
30	宁夏	2%—4%	1%—2%	4%—6%
31	新疆	6%—8%	1%—2%	6%—8%

农业保险大灾风险准备金会计处理规定

财政部关于印发《农业保险大灾风险准备金
会计处理规定》的通知
财会〔2014〕12 号

各省、自治区、直辖市、计划单列市财政厅（局），新疆
生产建设兵团财务局，有关保险机构：

为了贯彻落实《农业保险条例》、《国务院办公厅关
于金融支持经济结构调整和转型升级的指导意见》（国办
发〔2013〕67 号）等有关要求，规范农业保险大灾风险
准备金的会计处理，根据《中华人民共和国会计法》和企
业会计准则，结合《农业保险大灾风险准备金管理办法》
（财金〔2013〕129 号），我部制定了《农业保险大灾风险
准备金会计处理规定》，现予印发。

执行中有何问题，请及时反馈我部。

财政部

2014 年 2 月 28 日

为了规范农业保险大灾风险准备金（包括保费准备金和利润准
备金，以下简称大灾准备金）的会计处理，根据《中华人民共和国
会计法》、企业会计准则等法律法规，现就有关事项规定如下：

一、适用范围

农业保险经办机构（以下简称保险机构）从事各级财政按规定给
予保费补贴的种植业、养殖业、林业等农业保险业务（以下简称农业

保险），其计提、使用、转回大灾准备金的会计处理，适用本规定。

保险机构计提的保险合同准备金（不含本规定所指的大灾准备金），应当按照《保险合同相关会计处理规定》（财会〔2009〕15号）等相关规定进行会计处理。

二、科目设置

保险机构应当设置下列会计科目，对大灾准备金进行会计核算：

（一）在损益类科目中设置"6505 提取保费准备金"科目，核算保险机构按规定当期从农业保险保费收入中提取的保费准备金。本科目应按种植业、养殖业、森林等大类险种进行明细核算。

（二）在负债类科目中设置"2605 保费准备金"科目，核算保险机构按规定从农业保险保费收入中提取，并按规定使用和转回的保费准备金。本科目应按种植业、养殖业、森林等大类险种进行明细核算。

（三）在所有者权益类科目中设置"4105 大灾风险利润准备"科目，核算保险机构按规定从净利润中提取，并按规定使用和转回的利润准备金，以及大灾准备金资金运用形成的收益。

在"利润分配"科目下设置"提取利润准备"明细科目，核算保险机构按规定从当期净利润中提取的利润准备金。

在"利润分配"科目下设置"大灾准备金投资收益"明细科目，核算保险机构以大灾准备金所对应的资金用于投资等所产生的收益。

三、主要账务处理

（一）期末，保险机构按照各类农业保险当期实现的自留保费（即保险业务收入减去分出保费的净额）和规定的保费准备金计提比例计算应提取的保费准备金，借记"提取保费准备金"科目，贷记"保费准备金"科目。

（二）期末，保险机构总部在依法提取法定公积金、一般风险准备金后，按规定从年度净利润中提取的利润准备金，借记"利润分配——提取利润准备"科目，贷记"大灾风险利润准备"科目。

（三）保险机构按规定以大灾准备金所对应的资金用于投资等所产生的收益，借记"应收利息"、"应收股利"等科目，贷记"投资收益"等科目；同时，借记"利润分配——大灾准备金投资收益"科目，贷记"大灾风险利润准备"科目。

（四）保险机构在确定支付赔付款项金额或实际发生理赔费用的当期，按照应赔付或实际赔付的金额，借记"赔付支出"科目，贷记"应付赔付款"、"银行存款"等科目；按规定以大灾准备金用于弥补农业大灾风险损失时，按弥补的金额依次冲减"保费准备金"、"大灾风险利润准备"科目，借记"保费准备金"、"大灾风险利润准备"科目，贷记"提取保费准备金"、"利润分配——提取利润准备"科目。

（五）保险机构不再经营农业保险的，将以前年度计提的保费准备金的余额逐年转回损益时，按转回的金额，借记"保费准备金"科目，贷记"提取保费准备金"科目；将利润准备金的余额转入一般风险准备时，按转回的金额，借记"大灾风险利润准备"科目，贷记"一般风险准备"科目。

四、列示与披露

（一）保险机构应当在资产负债表负债项下"长期借款"项目之上增设"保费准备金"项目，反映期末保费准备金的余额。

（二）保险机构应当在资产负债表所有者权益项下"一般风险准备"项目和"未分配利润"项目之间增设"大灾风险利润准备"项目，反映期末利润准备金的余额。

（三）保险机构应当在利润表"减：摊回保险责任准备金"项目和"保单红利支出"项目之间，增设"提取保费准备金"项目，反映保险机构当期按规定提取的保费准备金净额。

（四）保险机构应当在所有者权益变动表"未分配利润"栏目前增设"大灾风险利润准备"栏，反映保险机构期末利润准备金余额的情况；同时，在"（四）利润分配"类的"提取一般风险准备"项目之下增设"提取利润准备"项目，反映保险机构当期按规定提取的利润准备金净额。

（五）保险机构应当在财务报表附注中披露与大灾准备金有关的下列信息：

1. 按各大类险种提取保费准备金的比例及金额。披露格式如下：

项目	本期		上期	
	金额	计提比例	金额	计提比例
种植业保险				
养殖业保险				
森林保险				
...				
其他				
合计		—		—

2. 大灾准备金的期初账面余额、本期增加数、本期减少数和期末账面余额。披露格式如下：

项目	期初账面余额	本期增加	本期减少	期末账面余额
1. 利润准备金				
2. 保费准备金				
种植业保险				
养殖业保险				
森林保险				
...				
其他				
合计				

五、实施日期及衔接规定

本规定自发布之日起实施。

本规定发布前保险机构提取的大灾准备金的会计处理与本规定不一致的,应将发布之日前原提取的大灾准备金余额,按照其计提来源(保费或利润)从相关科目分别转入"保费准备金"、"大灾风险利润准备"科目的相关明细科目,并不再按原办法计提和使用大灾准备金。

中国保监会关于加强农业保险条款和
费率管理的通知

保监发〔2013〕25号

各保监局，中国保险行业协会，各财产保险公司：

为加强农业保险条款和费率管理，促进农业保险业务平稳健康发展，根据《农业保险条例》和《财产保险公司保险条款和保险费率管理办法》，现就有关事项通知如下：

一、保险公司制订的农业保险条款和保险费率，应当在经营使用后十个工作日内由总公司报中国保监会备案。

保险公司对保险条款和费率承担相应的责任。

二、保险公司制订农业保险条款和费率应按照"公开、公平、合理"的原则。农业保险条款和费率应符合下列要求：

（一）依法合规、公平合理，不侵害农户合法权益；

（二）要素完备、文字准确、语句通俗、表述严谨；

（三）费率合理、保费充足率适当，不得损害保险公司偿付能力和妨碍市场公平竞争。

三、属于财政给予保险费补贴的险种的保险条款和保险费率，保险公司应当在充分听取省、自治区、直辖市人民政府财政、农业、林业、保险监督管理部门和农民代表意见的基础上拟订。

四、保险公司应分省（自治区、直辖市）逐一报备农业保险条款和费率。中国保监会另有规定的除外。

五、保险公司向保监会报备农业保险条款和费率，除应提交《财产保险公司保险条款和保险费率管理办法》规定的材料外，还应提交以下材料：

（一）保监会批准在相应区域开办农业保险业务的文件复印件；

（二）可行性报告；

（三）开发属于财政给予保险费补贴的险种的保险条款和保险费率的，还应提供可真实反映地方政府财政、农业、林业部门意见的相关材料，以及反映参保农户代表意见和当地保监局意见的书面材料；

（四）中国保监会要求的其他材料。

六、保险公司向中国保监会申请备案的农业保险条款和费率，应符合下列要求：

（一）条款名称中应包含开办机构、开办区域、保险标的等相关内容（如：××公司××省水稻种植保险等）。

（二）保险责任原则上应覆盖保险标的所在区域内的主要风险。属于财政给予保险费补贴的农业保险产品，保险责任应符合财政部门有关规定。

（三）保险金额应充分考虑参保农户的风险保障需求，并与公司风险承担能力相匹配。

（四）保险费率应以固定数值形式加以规定，不得以区间形式出现。保险费率可依据保险标的的管理水平、风险分布、历年赔付情况等因素合理设置费率调整系数。

（五）起赔点、免赔额（率）等条款要素的设定应科学合理，避免产生经营风险和道德风险。

七、保险公司开发农业保险条款应注意以下事项：

（一）条款中不得有封顶赔付、平均赔付等损害农户合法权益的内容。相互制保险条款除外。

（二）在农业保险合同有效期内，合同当事人不得因保险标的的危险程度发生变化增加保险费或者解除农业保险合同。

（三）保险公司不得主张对受损的保险标的的残余价值的权利。

农业保险合同另有约定的除外。

八、鼓励保险公司根据当地农业发展实际和当地农业风险特点，开发产量保险、价格保险、指数保险等创新型农业保险条款和保险费率，积极开展试点，为农户提供保额适度、保障范围更广、满足农户不同层次需求的保险产品。

九、保险公司应严格按照《农业保险条例》的规定和本通知要求，对已报备的农业保险条款和保险费率进行全面清理。存在不符情形的，须在2013年6月1日前完成修订并重新报备。

十、保险公司应加强农业保险产品的管理，确保产品设计合法、合规、合理，报行一致。

十一、保险公司使用的农业保险条款和保险费率中存在违反《农业保险条例》、《财产保险公司保险条款和保险费率管理办法》及相关法律法规和本通知要求的，保监会将依法责令其停止使用，限期修改；情节严重的，将在一定期限内禁止申报新的保险条款和保险费率，并依法对相关责任人进行处罚。

十二、中国保险行业协会应当积极推进农业保险条款和费率的通俗化、标准化工作，研究制订行业示范性条款文本。

十三、保险公司开发的有政府政策支持的涉农保险产品，参照适用本通知有关规定。

十四、本通知未作规定的，适用《财产保险公司保险条款和保险费率管理办法》的规定。

十五、农业互助保险等保险组织开发的农业保险产品管理办法另行规定。

十六、本通知自下发之日起施行。

中国保监会

2013年4月7日

中国保监会关于加强农业保险业务
经营资格管理的通知

保监发〔2013〕26号

各保监局、各财产保险公司：

为加强农业保险业务经营资格管理，根据《中华人民共和国保险法》、《农业保险条例》的相关规定，现将有关事项通知如下：

一、保险公司经营农业保险业务，应经保监会批准。未经批准，不得经营农业保险业务。

二、申请农业保险业务经营资格，应由保险公司总公司向保监会提出申请。

保险公司向保监会提交申请时，应列明拟开办的省（自治区、直辖市）。

三、保险公司申请农业保险业务经营资格，应当具备下列条件：

（一）保监会核定的业务范围内含农业保险业务；

（二）偿付能力充足，上一年度末及最近四个季度末偿付能力充足率均在150%以上；

（三）总公司具有经股东会或董事会认可的农业保险发展规划；

（四）有相对完善的基层农业保险服务网络。原则上在拟开办农业保险业务的县级区域应具备与业务规模相匹配的基层服务网络；

（五）总公司及拟开办区域的分支机构有专门的农业保险经营部门并配备相应的专业人员；

（六）有较完善的农业保险内控制度以及统计信息系统；

（七）农业保险业务能够实现与其他保险业务分开管理，信息系统支持单独核算农业保险业务损益；

（八）有较稳健的农业再保险和大灾风险安排以及风险应对预案；

（九）已在部分省（自治区、直辖市）开办农业保险业务的公司，如拟在其他省（自治区、直辖市）开办农业保险业务，其系统内上一年度农业保险业务应未受过监管机关行政处罚；

（十）保监会规定的其他条件。

专业性农业保险公司申请农业保险业务经营资格，不受第（二）款限制，但上一年度末偿付能力充足率不得低于100%。

申请财政给予保险费补贴的农业保险业务经营资格，还应符合财政部门保费补贴管理办法的相关规定。

四、保险公司申请农业保险业务经营资格时，应提交以下材料：

（一）上一年度末经审计的偿付能力报告及最近四个季度末偿付能力报告；

（二）经股东会或董事会认可的农业保险发展规划；

（三）农业保险基础工作情况。包括农业保险内控制度、统计信息系统、农业保险经营部门设置情况及专业人员配备情况；

（四）拟开办区域农业保险基层服务网络情况。包括在拟开办区域的分支机构数量和经营情况、专业人才情况、软硬件设施以及县以下的农业保险服务网络建设方案；

（五）农业保险风险分散情况。包括拟开办险种的农业再保险和大灾风险安排以及风险应对预案等情况；

（六）保监会规定的其他材料。

五、保监会收到保险公司经营资格申请后，将在审核公司提交材料的基础上，并征求相关保监局意见后，决定是否批准。

保险公司只能在保监会批准的区域内经营农业保险业务。

六、已开办农业保险业务的保险机构有下列行为之一，情节严重的，保监会将按照《中华人民共和国保险法》、《农业保险条例》等法律法规的规定，采取限制其业务范围、责令停止接受新业务或者取消农业保险业务经营资格等措施：

（一）拒不依法履行保险合同约定的赔偿或者给付保险金义务的；

（二）故意编造未曾发生的保险事故、虚构保险合同或者故意夸大已经发生的保险事故的损失程度进行虚假理赔，骗取保险金或者牟取其他不正当利益的；

（三）挪用、截留、侵占保险费的；

（四）以不正当竞争行为扰乱保险市场秩序的；

（五）未按照规定申请批准农业保险保险条款、保险费率，或未按照规定使用经批准或者备案的农业保险条款、保险费率的；

（六）未按照规定提取或者结转各项责任准备金的；

（七）未按照规定办理再保险的。

七、保险公司与地方政府联办或保险公司为地方政府代办农业保险业务的，应由总公司将协议文件报保监会备案，或由保监会委托派出机构备案。

八、除专业性农业保险公司外，本通知下发前已开办农业保险业务的保险公司，应按照本通知的要求向保监会申请农业保险业务经营资格。2013 年 7 月 1 日前未向保监会提交申请或申请未获保监会批准的，不得再接受农业保险新单业务。

九、农业互助保险等保险组织的经营资格事宜另行规定。

十、本通知自下发之日起施行。

中国保监会

2013 年 4 月 7 日

全国农业普查条例

中华人民共和国国务院令

第 473 号

现公布《全国农业普查条例》，自公布之日起施行。

总理　温家宝

二〇〇六年八月二十三日

第一章　总　则

第一条　为了科学、有效地组织实施全国农业普查，保障农业普查数据的准确性和及时性，根据《中华人民共和国统计法》，制定本条例。

第二条　农业普查的目的，是全面掌握我国农业、农村和农民的基本情况，为研究制定经济社会发展战略、规划、政策和科学决策提供依据，并为农业生产经营者和社会公众提供统计信息服务。

第三条　农业普查工作按照全国统一领导、部门分工协作、地方分级负责的原则组织实施。

第四条　国家机关、社会团体以及与农业普查有关的单位和个人，应当依照《中华人民共和国统计法》和本条例的规定，积极参与并密切配合农业普查工作。

第五条　各级农业普查领导小组办公室（以下简称普查办公室）和普查办公室工作人员、普查指导员、普查员（以下统称普查人员）依法独立行使调查、报告、监督的职权，任何单位和个人不得干涉。

各地方、各部门、各单位的领导人对普查办公室和普查人员依法提供的农业普查资料不得自行修改，不得强令、授意普查办公室、普查人员和普查对象篡改农业普查资料或者编造虚假数据，不得对拒绝、抵制篡改农业普查资料或者拒绝、抵制编造虚假数据的人员打击报复。

第六条　各级宣传部门应当充分利用报刊、广播、电视、互联网和户外广告等媒体，采取多种形式，认真做好农业普查的宣传动员工作。

第七条　农业普查所需经费，由中央和地方各级人民政府共同负担，并列入相应年度的财政预算，按时拨付，确保足额到位。

农业普查经费应当统一管理、专款专用、从严控制支出。

第八条　农业普查每 10 年进行一次，尾数逢 6 的年份为普查年度，标准时点为普查年度的 12 月 31 日 24 时。特殊地区的普查登记时间经国务院农业普查领导小组办公室批准，可以适当调整。

第二章　农业普查的对象、范围和内容

第九条　农业普查对象是在中华人民共和国境内的下列个人和单位：

（一）农村住户，包括农村农业生产经营户和其他住户；

（二）城镇农业生产经营户；

（三）农业生产经营单位；

（四）村民委员会；

（五）乡镇人民政府。

第十条 农业普查对象应当如实回答普查人员的询问，按时填报农业普查表，不得虚报、瞒报、拒报和迟报。

农业普查对象应当配合县级以上人民政府统计机构和国家统计局派出的调查队依法进行的监督检查，如实反映情况，提供有关资料，不得拒绝、推诿和阻挠检查，不得转移、隐匿、篡改、毁弃原始记录、统计台账、普查表、会计资料及其他相关资料。

第十一条 农业普查行业范围包括：农作物种植业、林业、畜牧业、渔业和农林牧渔服务业。

第十二条 农业普查内容包括：农业生产条件、农业生产经营活动、农业土地利用、农村劳动力及就业、农村基础设施、农村社会服务、农民生活，以及乡镇、村民委员会和社区环境等情况。

前款规定的农业普查内容，国务院农业普查领导小组办公室可以根据具体情况进行调整。

第十三条 农业普查采用全面调查的方法。国务院农业普查领导小组办公室可以决定对特定内容采用抽样调查的方法。

第十四条 农业普查采用国家统计分类标准。

第十五条 农业普查方案由国务院农业普查领导小组办公室统一制订。

省级普查办公室可以根据需要增设农业普查附表，报经国务院农业普查领导小组办公室批准后实施。

第三章　农业普查的组织实施

第十六条 国务院设立农业普查领导小组及其办公室。国务院农业普查领导小组负责组织和领导全国农业普查工作。国务院农业普查领导小组办公室设在国家统计局，具体负责农业普查日常工作的组织和协调。

第十七条 地方各级人民政府设立农业普查领导小组及其办公室，按照国务院农业普查领导小组及其办公室的统一规定和要求，负责本行政区域内农业普查的组织实施工作。国家统计局派出的调查队作为农业普查领导小组及其办公室的成员单位，参与农业普查的组织实施工作。

村民委员会应当在乡镇人民政府的指导下做好本区域内的农业普查工作。

第十八条 国务院和地方各级人民政府的有关部门应当积极参与并密切配合普查办公室开展农业普查工作。

军队、武警部队所属农业生产单位的农业普查工作，由军队、武警部队分别负责组织实施。

新疆生产建设兵团的农业普查工作，由新疆生产建设兵团农业普查领导小组及其办公室负责组织实施。

第十九条 农村的普查现场登记按普查区进行。普查区以村民委员会管理地域为基础划分，每个普查区可以划分为若干个普查小区。

城镇的普查现场登记，按照普查方案的规定进行。

第二十条 每个普查小区配备一名普查员，负责普查的访问登记工作。每个普查区至少配备一名普查指导员，负责安排、指导和督促检查普查员的工作，也可以直接进行访问登记。

普查指导员和普查员主要由有较高文化水平的乡村干部、村民小组长和其他当地居民担任。

普查指导员和普查员应当身体健康、责任心强。

第二十一条 普查办公室根据工作需要，可以聘用或者从其他有关单位借调人员从事农业普查工作。有关单位应当积极推荐符合条件的人员从事农业普查工作。

聘用人员应当由聘用单位支付劳动报酬。借调人员的工资由原单位支付，其福利待遇保持不变。

农业普查经费中应当对村普查指导员、普查员安排适当的工作补贴。

第二十二条 地方普查办公室应当对普查指导员和普查员进行业务培训，并对考核合格的人员颁发全国统一的普查指导员证或者普查员证。

第二十三条 普查人员有权就与农业普查有关的问题询问有关单位和个人，要求有关单位和个人如实提供有关情况和资料、修改不真实的资料。

第二十四条 普查人员应当坚持实事求是，恪守职业道德，拒绝、抵制农业普查工作中的违法行为。

普查人员应当严格执行普查方案，不得伪造、篡改普查资料，不得强令、授意普查对象提供虚假的普查资料。

普查指导员和普查员执行农业普查任务时，应当出示普查指导员证或者普查员证。

第二十五条 普查员应当依法直接访问普查对象，当场进行询问、填报。普查表填写完成后，应当由普查对象签字或者盖章确认。普查对象应当对其签字或者盖章的普查资料的真实性负责。

普查人员应当对其负责登记、审核、录入的普查资料与普查对象签字或者盖章的普查资料的一致性负责。

普查办公室应当对其加工、整理的普查资料的准确性负责。

第四章 数据处理和质量控制

第二十六条 农业普查数据处理方案和实施办法，由国务院农业普查领导小组办公室制订。

地方普查办公室应当按照数据处理方案和实施办法的规定进行数据处理，并按时上报普查数据。

第二十七条 农业普查的数据处理工作由设区的市级以上普查办公室组织实施。

第二十八条 普查办公室应当做好数据备份和加载入库工作，建立健全农业普查数据库系统，并加强日常管理和维护更新。

第二十九条 国家建立农业普查数据质量控制制度。

普查办公室应当对普查实施中的每个环节实行质量控制和检查验收。

第三十条 普查人员实行质量控制工作责任制。

普查人员应当按照普查方案的规定对普查数据进行审核、复查和验收。

第三十一条 国务院农业普查领导小组办公室统一组织农业普查数据的事后质量抽查工作。抽查结果作为评估全国或者各省、自治区、直辖市农业普查数据质量的重要依据。

第五章 数据公布、资料管理和开发应用

第三十二条 国家建立农业普查资料公布制度。

农业普查汇总资料，除依法予以保密的外，应当及时向社会公布。

全国农业普查数据和各省、自治区、直辖市的主要农业普查数据，由国务院农业普查领导小组办公室审定并会同国务院有关部门公布。

地方普查办公室发布普查公报，应当报经上一级普查办公室核准。

第三十三条 普查办公室和普查人员对在农业普查工作中搜集的单个普查对象的资料，应予保密，不得用于普查以外的目的。

第三十四条 普查办公室应当做好农业普查资料的保存、管理和为社会公众提供服务等工作，并对农业普查资料进行开发和应用。

第三十五条 县级以上各级人民政府统计机构和有关部门可以根据农业普查结果，对有关常规统计的历史数据进行修正，具体办法由国家统计局规定。

第六章 表彰和处罚

第三十六条 对认真执行本条例，忠于职守，坚持原则，做出显著成绩的单位和个人，应当给予奖励。

第三十七条 地方、部门、单位的领导人自行修改农业普查资料，强令、授意普查办公室、普查人员和普查对象篡改农业普查资料或者编造虚假数据，对拒绝、抵制篡改农业普查资料或者拒绝、抵制编造虚假数据的人员打击报复的，依法给予行政处分或者纪律处分，并由县级以上人民政府统计机构或者国家统计局派出的调查队给予通报批评；构成犯罪的，依法追究刑事责任。

第三十八条 普查人员不执行普查方案，伪造、篡改普查资料，强令、授意普查对象提供虚假普查资料的，由县级以上人民政府统计机构或者国家统计局派出的调查队责令改正，依法给予行政处分或者纪律处分，并可以给予通报批评。

第三十九条 农业普查对象有下列违法行为之一的，由县级以上人民政府统计机构或者国家统计局派出的调查队责令改正，给予通报批评；情节严重的，对负有直接责任的主管人员和其他直接责任人员依法给予行政处分或者纪律处分：

（一）拒绝或者妨碍普查办公室、普查人员依法进行调查的；

（二）提供虚假或者不完整的农业普查资料的；

（三）未按时提供与农业普查有关的资料，经催报后仍未提供的；

（四）拒绝、推诿和阻挠依法进行的农业普查执法检查的；

（五）在接受农业普查执法检查时，转移、隐匿、篡改、毁弃原始记录、统计台账、普查表、会计资料及其他相关资料的。

农业生产经营单位有前款所列违法行为之一的，由县级以上人民政府统计机构或者国家统计局派出的调查队予以警告，并可以处 5 万元以下罚款；农业生产经营户有前款所列违法行为之一的，由县级以上人民政府统计机构或者国家统计局派出的调查队予以警告，并可以处 1 万元以下罚款。

农业普查对象有本条第一款第（一）、（四）项所列违法行为之一的，由公安机关依法给予治安管理处罚。

第四十条 普查人员失职、渎职等造成严重后果的，应当依法给予行政处分或者纪律处分，并可以由县级以上人民政府统计机构或者国家统计局派出的调查队给予通报批评。

第四十一条 普查办公室应当设立举报电话和信箱，接受社会各界对农业普查违法行为的检举和监督，并对举报有功人员给予奖励。

第七章　附　则

第四十二条 本条例自公布之日起施行。

中华农业英才奖评选办法

农业部关于印发《中华农业英才奖评选办法》的通知

农人发〔2012〕5号

《中华农业英才奖评选办法》已经农业部 2012 年第 4 次部常务会议审议通过，现印发你们，请遵照执行。

中华人民共和国农业部

二〇一二年三月十九日

第一章 总 则

第一条 为规范中华农业英才奖评选工作，充分发挥奖项的导向和激励作用，在农业行业营造尊重劳动、尊重知识、尊重人才、尊重创造的良好环境，根据"服务发展、人才优先、以用为本、创新机制、高端引领、整体开发"的人才发展指导方针，制定本办法。

第二条 中华农业英才奖是农业部设立并组织实施，面向全国农业科技工作者的人才奖项。该奖主要奖励在推动农业科技进步、发展现代农业、促进我国农业和农村经济发展中做出重大贡献的科技工作者。

第三条　中华农业英才奖每三年评选一次，每届奖励人数不超过10名。

第四条　中华农业英才奖的推荐和评选工作，遵循公开、公平、公正的原则。

第二章　组织与领导

第五条　中华农业英才奖设立初审工作委员会和评选工作委员会。

第六条　初审工作委员会由有关专家、学者及中华农业科教基金会秘书长组成，设主任委员1名，副主任委员2名，委员不少于10名。主任委员由农业部人事劳动司领导担任。主要职责是：审查有效候选人材料，提出初审意见，向评选工作委员会提出进入评选阶段的候选人。

第七条　评选工作委员会由有关专家、学者及中华农业科教基金会会长组成，设主任委员1名，副主任委员2名，委员10—14名。主任委员由农业部部领导担任。主要职责是：决定奖励工作有关事项，负责评选工作，提出建议奖励人选。

第八条　初审工作委员会和评选工作委员会下设评选奖励工作办公室，负责评选奖励的具体工作。评选奖励工作办公室设在农业部人事劳动司。

第三章　候选人推荐

第九条　中华农业英才奖候选人应拥护中国共产党的路线、方针、政策，热爱祖国，具有"献身、创新、求实、协作"的科学精神，治学严谨、作风正派，并具备下列条件之一：

（一）在农业基础研究、农业应用基础研究中有重大科学发现，或者在理论、方法上有重大创新，其研究成果获得国家级科学技术奖励且排名在前五名或在国内外权威学术刊物上发表，对农业科技发展或者对农业、经济、社会发展产生重大影响；

（二）在农业应用研究技术或者在应用推广先进科学技术成果，完成重大农业科技工程、计划、项目等过程中，拥有自主知识产权并获得国家级科学技术奖励且排名在前五名的重大科技成果 2 项以上，并对农业生产产生重大推动作用；

（三）在农业科技成果转化、先进适用技术推广应用、高新技术产业化等方面做出突出贡献，成果推广普及率高，经济、社会和生态效益显著；

（四）在"三农"问题软科学研究领域，提出推动农业和农村发展的重大政策性建议，或者在理论、方法上有重大创新，并被国家、省部级单位采纳应用，经济、社会和生态效益显著。

第十条 候选人推荐须通过单位推荐，不受理个人申请。

（一）各省、自治区、直辖市农业（农牧、农村经济）、农机、畜牧、兽医、农垦、乡镇企业、渔业厅（局、委、办），新疆生产建设兵团农业局负责推荐本辖区、本行业所属单位及各地（市）县候选人。

（二）农业部直属单位，农业高等院校，各省、自治区、直辖市农业科学院负责推荐本单位候选人。

（三）候选人推荐应向优秀中青年专家及长期工作在第一线并做出重大贡献的农业科技工作者倾斜。

第十一条 推荐单位应成立相应的评选推荐委员会负责评选产生本单位推荐人选。委员会成员不得少于 9 人，以农业行业具有正高级职称的专家为主。每个推荐单位原则上每届限推荐 1 名候选人，中国农业科学院可根据情况适当增加推荐人选。

第十二条　推荐单位应填写《中华农业英才奖候选人信息表》、《中华农业英才奖候选人推荐书》，并附候选人有代表性的成果、专利、著作、论文，及重要奖项获奖证书的复印件等证明材料。

第四章　评　选

第十三条　评选工作分形式审查、初审、评选三个阶段。

第十四条　评选奖励工作办公室负责对推荐材料进行形式审查。经形式审查合格的推荐材料，由评选奖励工作办公室向社会公示 10 个工作日，公示无异议的为有效候选人。

第十五条　初审工作委员会召开初审会议，根据评选条件和标准，对有效候选人推荐材料进行审查，提出初审意见，产生进入评选阶段的候选人。

第十六条　评选工作委员会召开评选会议，在充分讨论和无记名投票表决的基础上，提出建议奖励人选。建议奖励人选应经参加评选会议的三分之二以上（含三分之二）委员投票同意。

第十七条　评选奖励工作办公室负责将评选工作委员会提出的建议奖励人选等有关材料报农业部审定。

第十八条　评选工作实行回避制度。

第五章　公示与异议处理

第十九条　经农业部审定后的获奖人选向社会公示，公示期为 15 个工作日。

第二十条　对获奖人选进行举报或提出异议的，应当提供书面材料和核查线索。以单位名义举报或提出异议的，须加盖单位公章；以个人名义举报或提出异议的，须署真实姓名。

第二十一条 评选奖励工作办公室收到举报材料后，应对所反映的问题进行核查，提出处理意见报评选工作委员会审定。

第六章 表彰与奖励

第二十二条 农业部发布表彰决定，颁发奖励证书和奖金。奖励证书以农业部部长名义签发。

第二十三条 每位获奖者的奖励金额为 20 万元人民币。奖励资金由中华农业科教基金会提供。

第二十四条 获奖者有关资料存入个人档案，并作为其考核、晋升的重要依据。获奖人名单向社会公布。

第七章 罚 则

第二十五条 为维护中华农业英才奖的严肃性和权威性，获奖者如有弄虚作假行为，经核实后，由评选奖励工作办公室报农业部批准后，取消名誉，追回奖励证书和奖金，并按有关规定进行处理。

第二十六条 推荐单位如有弄虚作假，经核实后，取消其下届推荐资格，并由农业部通报批评；对相关责任人，按有关规定进行处理。

第八章 附 则

第二十七条 本办法自印发之日起施行，2005 年发布的《中华农业英才奖暂行办法》同时废止。

第二十八条 本办法由农业部人事劳动司负责解释。

国家农业标准化示范区管理办法（试行）

国标农委〔2007〕81号
国家标准化管理委员会关于印发《国家农业标准化
示范区管理办法（试行）》的通知

各省、自治区、直辖市质量技术监督局：现将《国家农业
标准化示范区管理办法（试行）》印发你们，请各地和
各有关部门结合实际认真组织实施。实施的经验及问题，
望及时向国家标准化管理委员会农业食品部反馈。

国家标准化管理委员会
二〇〇七年十月二十二日

第一章 总 则

第一条 为了加强国家农业标准化示范区（以下简称示范区）
管理，推进农业实施标准化生产，充分发挥标准化在规范农业生
产、经营、管理、服务等方面的重要作用，提高农业生产整体技术
和管理水平，保障农产品质量安全和有效供给，实现农业现代化，

根据《中华人民共和国标准化法》和《农业标准化管理办法》等相关法律法规，制定本办法。

第二条　本办法所称示范区是指由国家标准化管理委员会（以下简称国家标准委）会同有关部门和地方共同组织实施的，以实施农业标准为主，具有一定规模、管理规范、标准化水平较高，对周边和其它相关产业生产起示范带动作用的标准化生产区域。包括农业、林业、畜牧业、渔业、烟草、水利，以及农业生态保护、小流域综合治理等与农业可持续发展密切相关的特定项目。

第三条　示范区建设要以科学发展观为指导，贯彻落实党中央、国务院关于做好农业标准化工作的各项要求，结合农业生产需要，紧紧围绕实现农业现代化和保障食品安全，加快推进从农田到餐桌全过程实施标准化。通过示范区的示范和辐射带动作用，加快用现代科学技术改造传统农业，提高农业素质、效益和竞争力，实现农业增长方式的转变和农民收入的提高，实现农业可持续发展，不断提高生产、加工、流通各环节标准化管理水平。

第四条　示范区建设应争取所在地人民政府的领导。各级标准化管理部门要在当地政府的统一领导下，会同有关部门共同做好示范区发展规划，负责组织示范区建设中的协调工作；充分依靠和发挥农业（畜牧业、渔业）、水利、林业、粮食、烟草、气象、科技和商务等部门的作用，共同承担和完成好示范区建设的有关任务。

第五条　示范区建设原则上以市县为单位，在市县人民政府的统一领导下，由标准化管理部门或涉农部门牵头承担。

第六条　鼓励农业龙头企业、行业（产业）协会和农民专业合作组织积极承担示范区建设工作，带领农民实施标准化生产，建立形式多样、富有实效的农业标准化示范推广体系。

第二章　建立示范区的原则和基本条件

第七条　示范区建设要以当地优势、特色和经深加工附加值高的产品（或项目）为主，实施产前、产中、产后全过程质量控制的标准化管理。要与国家有关部门和地方政府实施的"质量振兴、三绿工程、无公害食品行动计划和食品药品放心工程"，以及各类农产品生产基地、出口基地、农业科技园区等有关项目相结合。

示范区应优先选择预期可取得较大经济效益、科技含量高的示范项目；示范区要地域连片，具有一定的生产规模，有集约化、产业化发展优势，产品商品化程度较高。

第八条　示范区原则上按粮食、棉花、油料、蔬菜、畜牧、水产、果品、林产品等的生产、加工、流通，以及生态环境保护、营林造林工程、小流域综合治理等类型进行布局。

第九条　示范区所在地人民政府重视农产品质量安全工作，重视农业和农村经济可持续发展，重视农业标准化，将示范区建设纳入当地的经济发展规划，对示范区建设有总体规划安排、具体目标要求、相应的政策措施和经费保证。

示范区有龙头企业、行业（产业）协会和农民专业合作组织带动，农民积极参与。有一定的农业标准化工作基础，有相对稳定的技术服务和管理人员。

第三章　示范区建设的具体目标和任务

第十条　通过示范区建设，应达到以下具体目标：

（一）农业生产经营标准化水平和组织化程度有较大的提高，促进农业规模化、产业化、现代化的发展。

（二）生产经营和管理者标准化意识普遍提高，特别是农民标准化生产意识与技能明显增强，形成相对稳定的技术服务和管理队伍。

（三）农业新品种、新技术、新方法等农业科技成果的转化和应用推广能力明显增强。

（四）农产品质量安全水平明显提高，形成基本的检测手段和监测能力，能够保障食品安全。

（五）农业生产效率、农民收入明显提高，生态环境改善，示范带动作用显著，取得良好经济、社会和生态效益。

第十一条 示范区以实施产前、产中、产后全过程的标准化、规范化管理为主要任务，可食用农产品生产经营要强化从农田到餐桌的全过程的质量控制。主要包括：

（一）在生产领域，要重点抓好产地环境标准、种质（包括种子、种畜、种禽、种苗）标准、良好农业规范（GAP）的实施，强化农药、兽药、化肥等农业投入品合理使用和安全控制规范，以及动植物检疫防疫等标准的实施。

（二）在加工领域，要重点抓好加工场地环境、加工操作规范、产品包装材料、兽禽屠宰安全卫生要求、HACCP 和 ISO22000 等标准的实施，严格加工全过程质量安全标准的实施，防止加工过程中的二次污染，严禁使用非法添加物。

（三）在流通领域，要重点抓好运输器具、仓储设备及场地环境卫生、市场准入要求、分等分级、农产品条形码、包装、标签标识等标准的实施。建立农产品追踪制度，实现农产品质量安全的可追溯性，确保流通安全和消费安全，有效地规范农产品贸易。

（四）加大优势农产品、优质专用农产品等相关标准的实施。

（五）抓好与节水、节地、退耕还林还草、改善生态环境等措施配套标准的实施。

第十二条 要建立健全标准体系，各环节均有标准可依；要建立监测体系，明确农产品质量安全职责，强化对产地环境、农业投入品，以及种植、养殖、加工、流通过程的监控，依照标准开展监督检查。

第十三条 引导示范企业建立以技术标准为核心，管理标准和工作标准相配套的企业标准体系。鼓励企业积极采用国际标准和国外先进标准。

第十四条 要有计划地对农产品生产、经营和管理者进行标准化和质量安全培训。重视从农民中培养农业标准化工作的积极分子和带头人，逐步培育一支农业标准化的技术推广队伍。

第十五条 积极推广"公司+农户+标准化"、"农民专业合作组织+农户+标准化"等模式，充分发挥龙头企业、行业（产业）协会和农民专业合作组织在标准化示范中的带头作用和辐射效应，探索多种形式的示范区建设经验。

第十六条 示范区实施标准化生产管理的区域应达到当地同种或同类产品种植面积或养殖总量的60%以上，辐射带动其他产业实施标准化生产；优势农产品区域化种植、养殖的标准化生产覆盖率达到80%。

第四章 示范区的管理

第十七条 国家标准委负责示范区建设规划、立项，制定有关政策和管理办法，负责示范区考核的组织管理工作。

国务院有关部门和省、自治区、直辖市标准化管理部门负责本行业和本地区示范区建设的管理、指导和考核。

市县标准化管理部门负责本地区示范区建设的组织实施和日常管理。

第十八条 各级标准化管理部门要加强示范区建设工作的组织

和管理，在各级政府的领导下，建立协调工作机制，统一协调示范区建设各项工作。

第十九条 国家标准委对所确定的示范区建设项目给予一定的补助经费，地方财政要落实相应的配套资金。示范区建设的补助经费实行专款专用，不得挪用。

第二十条 示范区建设周期一般为 3 年。示范区一经确定，由示范区建设承担单位按《国家农业标准化示范区任务书》（见附件1）要求，向国家标准委报送实施方案。

第二十一条 示范区建设承担单位每年对示范工作进行一次总结，总结情况及时报送上一级主管部门。国务院有关部门和省、自治区、直辖市标准化管理部门汇总后，于年底前报国家标准委备案。

第二十二条 国务院有关部门和省、自治区、直辖市标准化管理部门应对示范区建设进展情况加强督促检查，每年至少要组织一次工作检查。对组织实施不力、补助经费使用不当的，限期改进。对经整改仍不能达到要求的，取消其示范区资格。对取得明显成果的，要及时总结经验并加以推广。

要建立长效管理机制，对已通过项目目标考核的示范区加强后续管理。

第二十三条 示范区工作不搞评比，不搞验收，不搞表彰，建设期满时严格按项目管理要求对示范区进行项目目标考核。项目目标考核工作由国家标准委统一组织，一般委托国务院有关部门和省、自治区、直辖市标准化管理部门进行。项目目标考核按《国家农业标准化示范区项目目标考核规则》（见附件2）执行。

第五章　示范区审批程序

第二十四条 示范区建设项目，由所在地市县人民政府、标准化管理部门或涉农部门，也可以由农业龙头企业、行业（产业）协会和农民专业合作组织提出申请，内容包括：示范类型、示范区域、具备的条件、拟达到的目标（标准覆盖面、质量目标、经济指标、社会效益等），并填写《国家农业标准化示范区任务书》，送国务院有关部门和省、自治区、直辖市标准化管理部门初审。

第二十五条 国务院有关部门和省、自治区、直辖市标准化管理部门依照本办法有关规定，对申请报告和《国家农业标准化示范区任务书》进行初审，提出初审意见。内容主要包括：该申请单位申请示范内容和区域是否符合规定，已具备哪些条件，尚不具备的条件，拟采取何改进措施等。

第二十六条 国家标准委组织综合评审，符合示范区总体布局和各项规定的，批准实施。对于基本条件好，积极性高，有经费保证，不需要国家经费补助的示范区项目，可由县级人民政府提出，经国家标准委同意后，可列入国家示范区项目。

第六章　附　则

第三十条 国务院有关部门和省、自治区、直辖市标准化管理部门可依据本办法制定实施细则，并可参照本办法确定省部级示范区或示范项目，报国家标准委备案。

第三十一条 本办法由国家标准委负责解释。

第三十二条 本办法自印发之日起试行。

附件1

国家农业标准化示范区任务书

示范区项目名称：_____

承担单位：_____

保证单位：_____

起止年月：　　年　月至　　年　月

国家标准化管理委员会

　　年　月

填 写 说 明

1. 示范区项目名称用："×××标准化示范区"表达。

2. 承担单位是指承担示范区项目的质量技术监督、农业、水利、林业等部门，也可为县级人民政府、龙头企业、农民专业合作组织和协会；保证单位是指省、自治区、直辖市质量技术监督局或行业管理关部门；参加单位是指参与项目实施的单位。

3. 由各省、自治区、直辖市质量技术监督局上报的项目填写任务书中第一到第八项；由国务院有关部门上报的项目填写任务书中第一到第九项。

4. 本任务书一式三份，字迹要工整清晰。

一、申请示范项目的内容、目的和意义

二、示范目标任务

（包括：标准覆盖面、质量目标、预期经济效益、社会效益、生态效益，以及示范辐射作用等方面）

三、示范区建设的基本条件

（从现有规模，基础设施，技术力量，工作基础等几方面简要介绍示范区建设已经具备的条件）

四、示范区建设的组织管理

五、示范区建设的实施方案及保障措施

（围绕标准体系、检测体系建设、贯彻实施、宣传培训、示范推广、经费支持等方面详细说明）：

计划进度：

阶段目标：

项目目标考核时间：

六、经费来源

1. 当地政府经费投入

2. 有关单位经费投入

3. 下拨补助经费（按三年计，分年度和总计）

补助经费主要用于：

七、项目承担单位、参加单位

　　承担单位（盖章）：　　　　　　　负责人（签名）

　　　　　　　　　　　　　　　　　　年　月　日

　　参加单位（盖章）：

　　1. 单位名称：　　　　　　　　　　负责人（签名）

　　　　　　　　　　　　　　　　　　年　月　日

　　2. 单位名称：　　　　　　　　　　负责人（签名）

　　　　　　　　　　　　　　　　　　年　月　日

　　3. 单位名称：　　　　　　　　　　负责人（签名）

　　　　　　　　　　　　　　　　　　年　月　日

八、保证单位（盖章）：

　　　　　　　　　　　　　　　　　　年　月　日

九、国务院有关部门标准化主管机构（盖章）

　　　　　　　　　　　　　　　　　　年　月　日

十、管理单位（盖章）：

　　　　　　　　　　　　　　　　　　年　月　日

附件2

国家农业标准化示范区项目目标考核规则

为了规范农业标准化示范区（以下简称示范区）项目目标考核工作，提高示范区建设成效，根据《国家农业标准化示范区管理办法（试行）》的规定，制定本规则。

一、项目目标考核的条件

凡列入国家农业标准化示范区项目计划，示范区工作的目标任务已如期完成，方可进行项目目标考核。

二、项目目标考核的组织管理

（一）国家标准化管理委员会统一管理全国农业标准化示范区的项目目标考核工作，委托国务院有关部门和省、自治区、直辖市标准化管理部门具体负责本部门、本地区示范区的项目目标考核。

（二）国务院有关部门和省、自治区、直辖市标准化管理部门负责组织项目目标考核组，具体实施项目目标考核工作。

（三）项目目标考核组实行组长负责制。国务院有关部门和省、自治区、直辖市标准化管理部门的主管领导任组长，成员由标准化管理部门、有关业务主管部门和技术推广、科研、院校等单位具有高级以上或相当职称的人员5—7人组成。可视项目特点适当吸收龙头企业、行业（产业）协会和农民专业合作组织相当职称人员参加。

（四）示范区领导小组主要成员须参加本示范区项目目标考核，配合项目目标考核组开展各项工作。示范区建设承担单位应按要求如实提供相关资料或考核现场。

三、项目目标考核的方法和程序

（一）项目目标考核方法：项目目标考核采取听取汇报、审查资料、现场考核、抽样调查、农户走访等形式，由项目目标考核组专家根据《国家农业标准化示范区项目目标考核评价表》（以下简称《目标考核评价表》），逐项进行考核评分。

（二）项目目标考核程序

1、示范区建设承担单位应对照《目标考核评价表》进行自查，自查结果已基本达到要求的，可向国务院有关部门和省、自治区、直辖市标准化管理部门提出项目目标考核申请，并附自查报告。

2、国务院有关部门和省、自治区、直辖市标准化管理部门对示范区建设承担单位提出的申请，要及时进行审核，决定是否组织项目目标考核，并通知承担单位具体考核时间。经审核不能进行项目目标考核的，要提出存在的问题和要求改进的方面。

四、项目目标考核内容

（一）听取工作汇报。示范区领导小组简要汇报示范区建设的组织管理、工作开展、经费使用、示范效果和任务完成情况，以及存在问题等，并回答项目目标考核组提出的质询。

（二）抽查相关资料。项目目标考核组根据《目标考核评价表》所列项目，随机查阅反映示范区工作进展情况的实施方案、年度计划、运行记录、管理文件、工作总结和标准文本以及反映示范区经济指标统计等资料。有条件的可同时查看录相、照片等声像资料。

（三）现场考核。通过上述资料的审阅后，随机抽查2—3个示范点（或环节），按照《目标考核评价表》要求，现场逐项考核打分。项目目标考核得分在80分以上的为合格。

（四）现场考核要走访基层组织、农户，了解技术人员、农民接受标准化培训情况和掌握质量安全标准、生产技术规程等熟悉程度；有关标准资料的宣贯、发放和标准的实施情况；相关措施、资金的落实情况等。所有项目目标考核记录均由项目目标考核组专家签字。

（五）项目目标考核组在充分调查，全面了解示范区实施情况的基础上，客观、公正地提出考核结论，并向示范区领导小组通报项目目标考核情况及结论。对需要补充说明和提供相关材料的，示范区承担单位应现场及时给予说明和提供相关证明材料，项目目标考核组根据实际情况公正处理。对存在的问题和不足要提出整改建议。项目目标考核通过后，要形成项目目标考核纪要。

五、项目目标考核材料的报送

项目目标考核工作完成后 30 个工作日内，国务院有关部门和省、自治区、直辖市标准化管理部门应将示范区工作总结和项目目标考核纪要纸质材料报送国家标准化管理委员会。其它相关材料经由《农业标准化示范区信息平台》报送。

六、地方示范区项目目标考核可参照此规则执行。

附　录

农业标准化实施示范项目资金管理暂行办法

农业部关于印发《农业标准化实施示范项目
资金管理暂行办法》的通知
农财发〔2006〕2号

各省、自治区、直辖市、计划单列市农业（农牧、畜牧、兽医、渔业、农机、农垦、乡镇企业）厅（委、局、办），新疆生产建设兵团农业局，部属有关单位：

为加强农业标准化实施示范项目资金管理，提高资金使用效益，根据《农业部财政项目支出管理暂行办法》（农财发〔2002〕36号），我部制定了《农业标准化实施示范项目资金管理暂行办法》。现印发给你们，请遵照执行。执行中如有问题，请及时反映。

中华人民共和国农业部
二〇〇六年一月二十七日

第一章　总　则

第一条　为加速推进农业标准的推广应用，提高农业标准化生产水平，保障农产品质量安全，提高农业产业竞争力，促进农民增收，加强农业标准化实施示范项目资金管理，提高资金使用效益，根据《农业部财政项目支出管理暂行办法》（农财发〔2002〕36号），制定本暂行办法。

第二条 农业标准化实施示范，是指在农业生产产前、产中、产后全过程实施农业技术标准、管理标准和工作标准，实现产地环境无害化、基地建设规模化、生产过程规范化、质量控制制度化、生产经营产业化、产品流通品牌化，以更好地辐射带动农业标准化生产水平的提高。

农业标准化实施示范的重点是农业标准的转化、培训和应用。

第三条 农业标准化实施示范的形式是建设以核心示范区为主要内容的国家级农业标准化示范县（农场）（以下简称示范县（农场））。

第四条 农业标准化实施示范坚持市场导向，突出重点，整合资源，创新机制，效益优先。项目资金安排遵循公平、公开、公正、择优的原则。

第五条 农业部负责农业标准化实施示范项目的组织管理和监督检查，省级农业（农牧、畜牧、兽医、渔业、农机、农垦、乡镇企业，下同）主管部门负责组织申报、指导实施和日常监督检查，县级人民政府（农场）负责组织实施，县级农业主管部门（农场）为项目单位。

第六条 各地应采取措施，整合行政、技术、资金、项目等资源，推动示范县（农场）的建设，切实发挥示范县（农场）对农业和农村经济发展的带动作用。

第七条 各地应鼓励农业产业化龙头企业、农民专业合作经济组织参与示范县（农场）的建设。

第二章 示范县（农场）建设内容与资金使用方向

第八条 示范县（农场）围绕示范产品，按照目标市场要求，依照国家标准、行业标准、地方标准完善示范县（农场）产业、企业标准体系，建立产前、产中、产后各环节技术和管理标准，并对标准进行集成，转化成通俗易懂的操作手册、明白纸。

第九条 示范县（农场）对农产品生产、经营和管理人员进行农业标准化培训和宣传，每年培训管理和技术干部至少1次，每年培训农民至少2次；同时利用信息平台和各种新闻媒体，开辟农业标准化专栏，加强宣传，扩大示范效应。

第十条 示范县（农场）建立健全农药、兽药、饲料及饲料添加剂等农业投入品监管制度，完善标签、标识制度。核心示范区逐步推行农业投入品定点采购，建立档案制度，鼓励发展连锁经营。普及安全使用知识，杜绝违禁药物及添加剂的使用。依法规范农业投入品市场秩序，坚决打击制售和使用假冒伪劣农业投入品行为。

第十一条 示范县（农场）推行农产品生产经营档案化管理，逐步建立农产品生产、加工、包装、运输、储藏及市场营销等各个环节质量安全档案记录和农产品标签管理制度，逐步形成产销一体化的产品质量安全追溯信息网络。

第十二条 示范县（农场）建立健全质量安全控制制度。

（一）建立和完善农产品质量安全检测机构，购置小型速测仪器等设备，加强农业投入品和农产品的质量安全监测，实现从生产到市场的全过程质量监控。

（二）建立内部监督管理制度，对各项标准的落实、投入品的使用等进行动态监督。

（三）建立例行监测制度。省级农业主管部门要将示范县（农场）纳入例行监测范围，并将监测结果及时反馈到示范县人民政府和项目单位，督促整改。

（四）开展农产品质量安全诚信活动，提高农业生产经营者质量安全意识和诚信水平。

第十三条 示范农产品通过无公害农产品、绿色食品、有机食品或地理标志产品认证，实行分等分级、商标注册和包装上市，通过产品推介、展示展销等方式有计划地组织市场营销，培育品牌，树立品牌形象，扩大农产品知名度和市场占有率。

第十四条 项目资金用于以下方面：

（一）农业标准体系的集成与转化。用于国家标准、行业标准、地方标准以及国际标准和主要贸易国标准的收集、整理、转化、集成，农产品生产操作规程制订和修订，生产档案印制等。

（二）质量安全控制。用于农产品、产地环境的质量安全检测，农药、兽药、饲料及饲料添加剂等农业投入品的推介。

（三）宣传与培训。用于媒体宣传，信息发布，培训教材、音像制品的制作和印发，专家授课等。

（四）品牌培育。用于产品认证，商标注册，产品推介，标签、标识印制等。

（五）质量安全追溯系统建设。用于系统平台与信息查询系统的硬件购置、软件开发、信息采集以及日常维护等。

第三章 项目申报与资金拨付

第十五条 申报示范县（农场）建设要具备以下条件：

（一）示范品种。为农业部或者省级优势农产品区域布局规划、特色农产品发展规划所确定的优势农产品、特色农产品或出口农产品。示范产品仅限 1 种。

（二）示范品种生产规模。

种植业：粮油作物（小麦、玉米、水稻、大豆、薯类）种植面积不少于 5 万亩，蔬菜种植面积不少于 2 万亩，果园种植面积不少于 3 万亩，茶园种植面积不少于 2 万亩。

畜牧业：奶牛存栏不少于 5000 头，肉牛出栏不少于 1 万头，肉羊出栏不少于 2 万只, 生猪出栏不少于 10 万头, 肉鸡出栏不少于 100 万只, 蛋鸡存栏不少于 100 万只。

渔业: 淡水养殖示范面积不少于 3000 亩, 藻、贝类不少于 2 万亩, 工厂化养殖不少于 10 万平方米, 虾蟹类不少于 1 万亩, 深水网箱不少于 2 万立方米。

国有农场、山区县的种植、养殖规模条件可适当放宽。

(三) 农田和养殖基础设施齐全, 有进一步完善核心示范区道路、水渠、圈舍、鱼池等的能力。

(四) 农产品商品率较高。粮油商品率至少达到 50%, 蔬菜、水果商品率至少达到 80%, 茶叶、畜禽产品、水产品商品率至少达到 90%。

(五) 农业生态环境条件较好。没有工业"三废"污染源, 产地环境符合无公害农产品、绿色食品或有机农产品产地环境要求, 已通过无公害农产品产地认定或者绿色食品、有机农产品产地环境合格评估。

(六) 监管服务机构健全。农业标准化管理、质量安全检测、农产品认证管理、农业技术推广、农业综合执法机构健全, 队伍稳定。

(七) 有与本产业相关的国家级或者省级农业产业化龙头企业(或属于龙头企业原料基地), 有农民专业合作经济组织, 能够对示范产业进行有力的带动。

(八) 已经或者正在实施国家级相关农业项目, 其中已经建设农业部定点批发市场、农资打假试点、绿色食品生产基地或者列入"三电合一"项目建设的县优先考虑。

第十六条 农业部根据农业标准化发展需要和预算规模, 制定下一年度项目计划, 明确年度目标, 分解项目内容, 划分实施地区, 提出指导意见。

第十七条 农业部印发项目指南，包括项目目标、项目内容、申报条件及有关要求等。

第十八条 省级农业主管部门组织县级农业主管部门（农场）编制项目申报书，其中的年度目标应与年度考核目标（见第四章）一致。项目申报书要经过县级人民政府（农场）审核同意。

第十九条 省级农业主管部门组织审核项目申报书，择优排序，提出推荐意见，以正式文件报送农业部。

第二十条 省级农业主管部门应当编制农业标准化实施示范项目规划，并建立项目库。

第二十一条 农业部组织专家评审，核定省级农业主管部门报送的项目申报书。

第二十二条 农业部以正式文件下达年度项目资金。项目资金直接拨付到项目单位。

第二十三条 项目单位要严格执行农业部核定的项目申报书，不得擅自变更。

第二十四条 项目单位要建立项目资金使用的明细账，确保专款专用。

第四章 考核与验收

第二十五条 示范县（农场）建设期三年。通过当年考核的方可列为次年项目。每年年底前由示范县（农场）项目单位进行工作总结，并报送省级农业主管部门。

第二十六条 示范县（农场）建设第一年和示范县（农场）建设第二年，由省级农业主管部门组织年度检查考核；示范县（农场）建设三年期满，由农业部或委托省级农业主管部门组织验收考核。

第二十七条 示范县（农场）建设第一年要达到以下考核目标：

（一）示范县（农场）要建立1—2个核心示范区。核心示范区要明确界限，集中成片。核心示范区规模要不少于示范品种生产规模的30%，道路、水渠、圈舍、鱼池等要配套完善。

（二）农业标准体系完善。示范品种生产、加工、包装、贮运、销售等环节标准完善，有规范的操作规程，有配套的管理要求。

（三）管理制度健全。有完善的投入品监管制度、定点采购制度和经营记录制度，有示范品种生产、加工、包装、运输、储藏及销售各环节的生产经营档案制度，有宣传培训计划和实施方案，有品牌发展规划和实施方案。

第二十八条 示范县（农场）建设第二年要达到以下考核目标：

（一）示范县（农场）核心示范区农产品生产主要环节标准应用覆盖率、标准入户培训率、标准简明手册入户率、农药（兽药、饲料及其添加剂）等投入品经营档案管理覆盖率、农业生产与经营档案管理覆盖率达到100%，形成市场占有率和社会知名度高的名特优品牌。

（二）非核心示范区主要生产环节标准应用覆盖率达到80%以上，上述其余指标均达到90%以上。

（三）核心示范区和非核心示范区种植养殖环节机械化水平明显提高，经济效益比非示范区增加10%以上。

第二十九条 示范县（农场）建设第三年，要在巩固前两年建设成果基础上，使核心示范区和非核心示范区产品商标注册率、无公害农产品、绿色食品、有机食品、地理标志产品认证率达到100%，全面完成示范县（农场）建设任务。

第三十条 示范县（农场）建设三年期满，验收考核合格的，由农业部授予"国家级＊＊＊（产品）标准化示范县（农场）"称号。

第三十一条 示范县（农场）第一年或者第二年没有达到年度

考核目标的，取消下年度申报资格，并限期整改；示范县（农场）建设两年均没有达到年度考核目标的，不再允许申报，并通报批评；示范县（农场）建设三年期满，验收考核不合格的，暂不授予"国家级＊＊（产品）标准化示范县（农场）"称号，并限期整改。

第三十二条 验收考核合格的示范县（农场），在国家或者省级质量安全例行监测或监督抽查中达不到规定要求的，限期整改，仍达不到要求的，取消其"国家级＊＊＊（产品）标准化示范县（农场）"称号；出现重大农产品质量安全事故的，取消其"国家级＊＊＊（产品）标准化示范县（农场）"称号。

第五章 管理与监督

第三十三条 示范县（农场）所在地人民政府应成立由主要领导和各有关部门负责人组成的农业标准化示范县（农场）建设工作领导小组，负责对示范县（农场）建设统一领导。办公室设在项目单位，负责项目的组织、协调、调度、监督、督促检查等工作。

第三十四条 项目单位要做好示范县（农场）建设资金的落实与管理工作。省级农业部门应给予必要的指导和支持。

第三十五条 项目单位要及时向上级主管部门反映项目执行和资金使用情况。省级农业主管部门每年年初向农业部报送上一年度的项目执行和资金使用情况。

第三十六条 农业部在项目执行过程中进行重点抽查。

第三十七条 对提供虚假材料，擅自变更已经核定的项目申报书，或者截留、挤占、挪用项目资金的，一经发现，将严肃查处。

第六章 附 则

第三十八条 本暂行办法由农业部负责解释。

第三十九条 本暂行办法自发布之日起执行。

国家农业标准化示范项目绩效
考核办法（试行）

国家标准委关于印发《国家农业标准化示范项目
绩效考核办法（试行）》的通知
国标委农〔2014〕87号

各省、自治区、直辖市及新疆生产建设兵团质量技术监督局，水利部、农业部、国家林业局、国家粮食局、国家烟草专卖局、中华全国供销合作总社：

现将《国家农业标准化示范项目绩效考核办法（试行）》印发你们，请各地和有关部门结合实际，认真组织实施。实施的经验及问题望及时向国家标准委农业食品部反馈。

国家标准委

2014 年 12 月 22 日

为加强国家级农业标准化示范项目（以下简称示范项目）的绩效管理，构建科学高效、符合实际的绩效考核体系，根据《财政部关于印发〈财政支出绩效评价管理暂行办法〉的通知》（财预〔2011〕285 号）、《财政部关于推进预算绩效管理的指导意见》（财预〔2011〕416 号）和《国家农业标准化示范区管理办法（试行）》，制定本办法。

一、考核原则

坚持实事求是，客观公正，科学高效；坚持以定量考核为主，定量与定性相结合。

二、考核对象

中央财政支持的在建国家级农业标准化示范项目。

三、考核管理

国家标准化管理委员会负责示范项目绩效考核的统一管理工作；国家标准化管理委员会委托各省、自治区、直辖市及新疆生产建设兵团标准化行政主管部门（以下简称省级标准化行政主管部门）负责本地区示范项目绩效考核的组织实施工作，委托国务院各有关部门负责本部门示范项目绩效考核的组织实施工作。

四、考核内容

绩效考核内容由项目决策、项目管理、项目结果三个一级指标组成，其中项目决策 20 分、项目管理 30 分、项目结果 50 分。二、三级指标详见《示范项目绩效考核指标评分表》（见附件）。

全部三级指标的考核内容和评分，可参照《国家农业标准化示范区管理办法（试行）》中的《国家农业标准化示范区项目目标考核评价表》。

五、考核程序

（一）示范项目建设承担单位应在每年 11 月前对照本办法进行自查，形成自查报告，并将自查报告报省级标准化行政主管部门和国务院有关部门。

（二）省级标准化行政主管部门和国务院有关部门要及时对自查报告进行审核，经审核通过可以进行绩效考核的，通知承担单位具体考核时间。经审核不能进行绩效考核的，要提出存在的问题和改进意见。

（三）经审核可以进行绩效考核的示范项目，省级标准化行政主管部门和国务院有关部门按照《示范项目绩效考核指标评分表》的内容，组织相关专家成立考核组进行绩效考核。

（四）示范区绩效考核工作完成后，省级标准化行政主管部门和国务院有关部门于每年12月15日前以示范区为单位分别将其自查报告、示范项目绩效考核指标评分表和示范项目绩效考核报告等材料报送国家标准化管理委员会。

（五）国家标准化管理委员会建立绩效考核抽查复核制度，结合各省级标准化行政主管部门和国务院有关部门报送的材料，对考核对象和考核结果实施抽查复核。抽查复核工作由国家标准化管理委员会组织专家成立抽查复核组进行，对抽查复核中发现的问题及时反馈给所在地省级标准化行政主管部门和国务院有关部门，并限期整改，整改结果经省级标准化行政主管部门和国务院有关部门确认后报送国家标准化管理委员会。

六、考核等级的确定

（一）依据考核分数和抽查复核组意见，考核结果分为优秀、良好、合格、不合格4个等级：

考核总分在90分（含）以上且抽查复核组无异议的示范项目绩效考核等级可定为优秀，优秀示范区的比例不高于示范区总数的20%；

考核总分在80分（含）以上且抽查复核组无异议的示范项目绩效考核等级可定为良好；

考核总分在60分（含）以上80分以下且抽查复核组无异议的示范项目绩效考核等级为合格；

考核总分在60分以下且抽查复核组无异议的示范项目绩效考核等级为不合格。

（二）示范项目在工作中成绩突出，或获得省部级以上表彰、通报表扬，或在应对重大突发事件中处置得当的，可在考核等级结果基础上申请提升一级（最高等级为优秀）。由省级标准化行政主管部门和国务院有关部门向国家标准化管理委员会提出书面申请并附相关材料，经国家标准化管理委员会审核后确定。考核等级提升后，考核总分不变。

（三）绩效考核实行一票否决。示范项目及其承担单位、参加单位在示范项目建设过程中出现重大质量安全事故、挪用截留专项资金等违法违规行为的，造成严重后果或恶劣影响的，其绩效考核等级直接定为"不合格"。

七、考核结果的运用

（一）国家标准化管理委员会对省级标准化行政主管部门和国务院有关部门报送的材料审核，并结合抽查复核组意见形成绩效考核结果后，将绩效考核结果予以公布。

（二）对绩效考核成绩为优秀和良好的，给予表扬并继续给予经费等支持；对绩效考核成绩合格的，继续给予经费支持；对绩效考核成绩不合格的，提出批评并减少经费等支持。

八、其他

（一）考核组和抽查复核组的专家应当来自农业龙头企业、科研机构、检测机构、高等院校、政府部门、行业协会等；应当具有高级以上（含高级）专业技术职称，或者具有与高级以上专业技术职称相对应的职务；应当熟悉或从事农业标准化工作，具有相关领域的专业知识；应当是我国境内依法设立的法人组织任职的人员；应当遵守本办法的考核原则，严禁收受考核对象的财物及礼品。考核组和抽查复核组的专家人数不超过9人且为单数。

（二）对考核结果有异议的示范项目，可在考核结果公布之日起 1 个月内，由示范项目建设承担单位向省级标准化行政主管部门和国务院有关部门提出书面申诉。省级标准化行政主管部门和国务院有关部门收到申诉后，应组织开展相关调查，并将调查报告报国家标准化管理委员会。国家标准化管理委员会对调查报告审核后，提出采纳或不采纳的结论，并根据采纳的结论调整绩效考核结果予以公布。

附件：国家农业标准化示范项目绩效考核指标评分表（略）

农业标准化示范区考核验收办法

质技监局发（1998）29号

（国家质量技术监督局1998年5月20日发布）

为了考核验收农业标准化示范区工作成效，发挥示范试点工作在促进高产优质高效农业发展中的示范引导作用，根据《国家技术监督局农业标准化示范区管理办法（试行）》的规定，制定本办法。

一、考核验收的范围

凡列入国家质量技术监督局《全国高产优质高效农业标准化示范区计划》的项目（以下简称"国家局示范项目"），示范工作已如期按计划完成，方可进行考核验收。

二、考核验收工作的组织

（一）国家质量技术监督局委托各省、自治区、直辖市技术监督局统一组织对本省、自治区、直辖市承担国家局示范项目的考核验收工作。

（二）受委托的省、自治区、直辖市技术监督局需成立考核验收工作组。考核验收工作组具体实施考核验收工作。

（三）考核验收工作组一般由5—7人组成：省、自治区、直辖市技术监督局主管局长任组长，省、自治区、直辖市技术监督局、农口有关厅局、省直农技推广、科学研究等单位具有中级以上或相当职称的人员4—6人。可视项目特点适当吸收农业经营组织和市（地）有关部门的相当职称人员参加。

（四）示范区领导小组主要成员需参加本示范区考核验收工作。

三、考核验收方法和程序

（一）考核验收方法

考核验收采取综合考核、分项评分的办法。考核验收项目及评分标准见附表（"全国高产优质高效农业标准化示范区考核验收项目和纪要一览表"）。

（二）考核验收程序

1. 考核验收工作由考核验收工作组组长主持。

2. 示范区领导小组简要汇报示范工作组织、工作进展、示范效果、取得效益及存在问题等情况。

3. 查阅文字材料。考核验收工作组针对附表所列"验收项目"和"考核内容"的规定，查阅反映示范工作进展的纪要、实施方案、年度计划、工作总结等文件和标准文本、经济指标统计等资料。有条件的可同时收看录相、照片等声、像材料。

4. 现场考核。考核验收工作组随机抽查 2—3 个示范点，着重考核以下项目：

（1）种植业项目：田间测产，考核单位面积产量。

（2）养殖业项目：查看养殖示范农户现场生产情况。

（3）走访农户：了解农民对质量、标准、技术等知悉程度。

（4）对有关加工、生产、经营企业现场考核。

5. 考核验收工作组充分协商，按附表要求逐项填写考核验收纪要，提出考核验收结论。

6. 考核验收工作组向示范区领导小组通报考核验收情况及结论，提出进一步加强标准化工作，促进农业发展的意见和建议。

四、考核验收合格条件及荣誉

凡考核验收得分达到 60 分以上的示范区为示范工作合格，国家质量技术监督局授于"全国高产优质高效农业标准化示范工作验收合格县（市）"荣誉称号。

五、考核验收材料的报送

考核验收工作完成之后半月内，由各省、自治区、直辖市技术监督局向国家质量技术监督局报送与前述考核验收程序有关的主要材料一套，包括：按要求填写的附表、与附表"主要依据"一栏有关的所有文字材料及考核验收综合报告。

国家农业科技园区管理办法

科技部 农业部 水利部 国家林业局
中国科学院 中国农业银行关于印发
《国家农业科技园区管理办法》的通知
国科发农〔2018〕31 号

各省、自治区、直辖市、计划单列市科技厅（委、局）、农业厅（局）、水利（水务）厅（局）、林业厅（局），新疆生产建设兵团科技局、农业局、水利局、林业局，中国科学院院属各单位，农业银行各分行：

为深入贯彻落实党的十九大报告关于"实施乡村振兴战略"精神和2017年中央一号文件关于"提升国家农业科技园区建设水平"要求，科技部、农业部、水利部、国家林业局、中国科学院、中国农业银行对《国家农业科技园区管理办法》进行了修订。现印发给你们，请结合各地实际认真贯彻执行。

科技部 农业部 水利部
国家林业局 中国科学院 中国农业银行
2018 年 1 月 22 日

建设国家农业科技园区是党中央、国务院提出的一项重要任务，自 2001 年由科技部等部门联合实施。为进一步加强国家农业科技园区建设与规范化管理，深入推进农业供给侧结构性改革，加快培育农业农村发展新动能，推进农业农村现代化，根据《国家创新驱动发展战略纲要》及实施创新驱动发展战略、乡村振兴战略、区域协调发展战略等要求，制定本办法。

第一章 总 则

第一条 本办法所称国家农业科技园区，是指由国家农业科技园区协调指导小组批准建设的国家级农业科技园区（以下简称"园区"）。有关部门、地方批准建设的各级各类农业科技园区管理可参照本办法执行。

第二条 园区建设与管理要坚持"政府主导、市场运作、企业主体、农民受益"的原则，集聚创新资源，培育农业农村发展新动能，着力拓展农村创新创业、成果展示示范、成果转化推广和职业农民培训四大功能，强化创新链，支撑产业链，激活人才链，提升价值链，分享利益链，把园区建设成为现代农业创新驱动发展的高地。

第三条 本办法主要包括园区申报、审核、建设、管理、验收、监测、评价和评估等工作。

第二章 组织机构及职责

第四条 科技部联合农业部、水利部、国家林业局、中国科学院、中国农业银行成立园区协调指导小组，科技部为组长单位，农业部为副组长单位，其他部门为成员单位。园区协调指导小组负责对园区工作进行宏观指导，组织制定并发布园区发展规划、管理办法。

第五条 园区协调指导小组管理办公室（简称园区管理办公室）设在科技部农村科技司，负责园区统筹协调和日常管理。园区管理办公室委托中国农村技术开发中心开展相关工作。

第六条 园区管理办公室聘请相关领域知名专家组成园区专家工作组（专家工作组工作规则另行制定），负责园区发展战略与政策研究、提供咨询和技术指导，并参与相关论证、评审、过程监管、验收、评估等工作。

第七条 园区所在省（自治区、直辖市）、计划单列市及新疆生产建设兵团等成立园区工作领导小组，负责辖区内园区建设的组织领导和协调推进工作，落实国家有关政策和制定地方配套政策。园区工作领导小组办公室设在当地科技主管部门，负责辖区内园区的组织申报、指导管理、资源整合、统筹发展等具体工作。

第八条 园区申报单位须成立园区建设领导小组，负责园区建设的组织领导和协调推进工作，落实国家和地方有关政策和制定配套政策；同时，组建具有专职工作人员的园区管理委员会，行使园区建设与管理的政府职能，负责园区规划编制、基础设施建设、创新能力建设、平台建设、产业发展等工作。鼓励园区组建具有法人资格的管理服务公司或投资管理公司，发挥市场在资源配置中的决定性作用，通过市场机制推进园区发展。

第三章 申报与审核

第九条 园区申报条件：

（一）园区申报单位原则上应为地市级及以上人民政府，应从严控制，避免同质化建设；

（二）园区要有科学的规划方案、合理的功能分区、明确的主导产业、完善的配套政策，并已正式成为省级农业科技园区一年以上；

（三）园区建设规划要符合国家农业科技园区发展规划，并经地市级及以上人民政府批准纳入当地社会经济发展规划；

（四）园区要有明确的地理界线和一定的建设规模，核心区、示范区、辐射区功能定位清晰，建设内容具体；

（五）园区要有较强的科技开发能力或相应的技术支撑条件，能够承接技术成果的转移转化；要有较好的研发基础设施条件和较完善的技术转化服务体系；要有一批专家工作站和科学测试检测中心，有利于聚集科技型人才；

（六）园区要有一批农业高新技术企业和科技服务机构，有效提高当地劳动生产率、土地产出率和资源利用率；要为职业农民培训提供场所，促进当地居民收入的提高；要为大学生、农民工等返乡创业提供孵化器和公共服务平台；

（七）园区要有健全的行政管理机构和服务管理体系。

第十条 园区申报程序：

（一）由园区申报单位通过所在地人民政府向省级科技主管部门提出申请；

（二）省级科技主管部门组织专家进行评审，并经省级人民政府审定后报送园区管理办公室。

第十一条 园区申报材料：

（一）国家农业科技园区建设申报书（见附件1）；

（二）国家农业科技园区总体规划（见附件2）；

（三）国家农业科技园区建设实施方案（见附件3）；

（四）其他有关附件材料。

第十二条 园区论证与审核：

（一）园区管理办公室组织专家对申报园区进行实地考察，提出园区建设的相关建议，并形成考察报告；

（二）园区管理办公室组织专家通过视频答辩或会议评审等方式对申报园区进行论证和评审；

（三）园区管理办公室将考察报告及专家评审结果报请协调指导小组审定后，由科技部发文正式批准。

第四章　建设与管理

第十三条　园区申报单位须按照论证评审通过后的总体规划，组织编制实施方案。总体规划和实施方案须经园区所在地政府常务会审议通过，报园区管理办公室备案后执行。

第十四条　园区管理委员会负责协调和落实各级政府有关园区的土地、税收、财政等政策措施。

第十五条　省（自治区、直辖市）、计划单列市、新疆生产建设兵团科技主管部门要整合本地区各类涉农科技计划项目，倾斜支持园区发展。园区所在地人民政府要结合本地实际，制定支持园区发展操作性强的相关政策。

第十六条　园区要坚持新发展理念，制定出台优惠政策，以推动农业供给侧结构性改革为主线，推动科技服务业和创新创业政策在园区落地生根；要积极吸引优势企业和优秀人才入驻园区，着力孵化涉农高新技术企业，发展农业高新技术产业，推动园区向高端化、集聚化、融合化、绿色化方向发展；要强化一二三产实质融合，积极推进产城产镇产村融合；要着力营造科技成果转移转化的良好环境，打造一批"星创天地"。

第十七条　园区实行年度报告制度和年度总结会议制度。每年3月底前，各园区应通过省级科技主管部门将上年度工作报告等材料报送到园区管理办公室，内容主要包括园区建设进展、统计数据、经验总结、存在问题与下一年度工作重点等。其中，统计数据参考国民经济统计数据，主要包括地区生产总值（第一产业、第二产业、第三产业）、总产值（农业、林业、牧业、渔业）、各类农产品产量、规模以上工业增加值、城镇和农村居民可支配收入等。园区管理办公室定期组织召开国家农业科技园区工作会议，交流各园区的主要经验和做法。

第十八条　园区实行创新能力监测与评价制度。按照"建立全国创新调查制度，加强国家创新体系建设监测评估"的要求，在科学、规范的统计调查基础上，对园区创新能力进行全面监测和评价，根据评价结果和区域发展需求进行针对性指导。园区管理委员会要及时组织填报监测数据，并对数据真实性负责。

第五章　验收与评估

第十九条　园区建设期为三年。建设期满后，由园区建设单位通过省级科技主管部门向园区管理办公室提出验收申请。园区管理办公室根据园区验收申请，组织专家进行现场审查，结合年度创新能力监测与评价结果，经综合评议后认定是否通过验收，并将评估结果以适当方式向社会公布。

不能按期参加验收的园区，应提前半年由园区建设单位通过省级科技主管部门向园区管理办公室提出延期验收申请，由园区管理办公室批准。

第二十条　园区管理办公室对通过验收的园区，实行动态管理和综合评估。园区评估工作原则上每三年进行一次，评估结果分为优秀、达标和不达标。评估工作由园区协调指导小组统一部署，园区管理办公室组织实施。

第二十一条 加大对评估优秀园区的支持力度，支持符合条件的园区申请建设国家农业高新技术产业示范区；对评估不达标的园区要限期整改（整改期一般为一年）。整改后再次进行评估，达标则继续保留园区资格，不达标则取消其园区资格。

第二十二条 园区一个评估阶段（一般为三年）有两年不参加创新能力监测，视为园区验收或评估不达标。

第六章　附　则

第二十三条 本办法自公布之日起实施。

第二十四条 本办法由科技部负责解释。

附件：1. 国家农业科技园区建设申报书（参考格式）（略）

2. 国家农业科技园区总体规划（参考格式）（略）

3. 国家农业科技园区建设实施方案（参考格式）（略）

附 录

国家农业科技园区发展规划（2018—2025 年）

科技部　农业部　水利部　国家林业局　中国科学院
中国农业银行关于印发《国家农业科技园区
发展规划（2018—2025 年）》的通知
国科发农〔2018〕30 号

各省、自治区、直辖市、计划单列市科技厅（委、局）、农业厅（局）、水利（水务）厅（局）、林业厅（局），新疆生产建设兵团科技局、农业局、水利局、林业局，中国科学院院属各单位，农业银行各分行：

　　为深入贯彻落实党的十九大报告关于"实施乡村振兴战略"精神和中央一号文件关于"提升农业科技园区建设水平"要求，落实《"十三五"国家科技创新规划》和《"十三五"农业农村科技创新规划》要求，进一步加快国家农业科技园区创新发展，科技部、农业部、水利部、国家林业局、中国科学院、中国农业银行共同制定了《国家农业科技园区发展规划（2018-2025 年）》。现印发给你们，请结合各地实际认真贯彻执行。

科技部　农业部　水利部
国家林业局　中国科学院　中国农业银行
2018 年 1 月 22 日

当前，我国正处于深入实施创新驱动发展战略、全面深化科技体制改革、推进农业农村现代化的关键时期，处于全面建成小康社会和进入创新型国家行列的决胜阶段。为深入贯彻党的十九大关于"实施乡村振兴战略"部署和《中共中央 国务院关于实施乡村振兴战略的意见》精神，认真落实《"十三五"国家科技创新规划》和《"十三五"农业农村科技创新规划》要求，进一步加快国家农业科技园区（以下简称"园区"）创新发展，制订本规划。

一、现状与成就

为落实中共中央、国务院《关于做好 2000 年农业和农村工作的意见》（中发〔2000〕3 号）中"要抓紧建设具有国际先进水平的重点实验室和科学园区，并制定扶植政策"和国务院办公厅《关于落实中共中央、国务院做好 2000 年农业和农村工作意见有关政策问题的通知》（国办函〔2000〕13 号）中"科学园区由科技部牵头，会同有关部门制定建设规划和政策措施"精神，自 2000 年以来，科技部联合农业部、水利部、国家林业局、中国科学院、中国农业银行等部门，启动了国家农业科技园区建设工作。园区发展经历了试点建设（2001 年至 2005 年）、全面推进（2006 年至 2011年）、创新发展（2012 年至今）三个阶段。截至 2017 年底，已批准建设了 246 个国家级园区，基本覆盖了全国所有省、自治区、直辖市、计划单列市及新疆生产建设兵团，初步形成了特色鲜明、模式典型、科技示范效果显著的园区发展格局。按照建设和运营主体的差异，园区形成了政府主导型（占 87.0%）、企业主导型（占9.7%）、科研单位主导型（占 3.3%）三种模式。近年来，园区基于自身发展模式和区域特色等，为适应创新驱动发展的需要，在功能定位、规划布局上出现了一系列新变化，政府主导型园区向农业高新技术产业培育和产城产镇产村融合的杨凌模式发展，其它两类园区分别向科技服务和成果应用方向发展。

自开始建设以来，园区建设得到了各有关部门、各级政府的大力支持，中央一号文件先后 7 次对园区工作做出部署，为园区有序、健康发展提供了坚实保障，同时也为依靠科技创新驱动现代农业发展提供了新型模式和示范样板。

（一）保障国家粮食安全的重要基地。

在东北平原、华北平原、长江中下游平原的 13 个粮食主产省份，先后部署了 117 个园区。通过实施国家种业科技创新、粮食丰产科技工程、渤海粮仓科技示范工程等重大科技项目，园区已成为优良农作物新品种、粮食丰产技术集成创新的示范基地，为粮食产量十二连增作出了重要贡献。截至 2015 年底，园区累计增产粮食5600 多万吨，增加效益 1000 多亿元，有力地带动了园区周边地区粮食增产增效，推动实现"藏粮于地、藏粮于技"。

（二）加快农业科技创新创业和成果转移转化的重要平台。

园区注重政产学研合作交流平台和技术研发平台建设，吸引大学、科研院所和企业入驻，联合开展农业技术研发。深入推行科技特派员制度，积极引导科技人员创新创业，鼓励科技特派员创办农业科技型企业，建设星创天地，健全新型社会化农业科技服务体系，发展星火基地、农科驿站、专家大院、科技服务超市及农技信息化服务，加速农业科技成果的转移转化。目前已建成的 246 家园区核心区面积 579 万亩，示范区 2.0 亿亩。园区引进培育的农业企业总数达 8700 多家，其中高新技术企业 1555 家。累计引进培育新品种 4.09 万个，推广新品种 1.46 万个，引进推广各类农业新技术2.2 万项，审定省级及以上植物和畜禽水产新品种 642 项，取得专利授权超过 4000 项。

（三）推动农业产业升级和结构调整的重要支撑。

园区坚持以创新为动力，加速现代产业组织方式进入农业领域，产业发展形态由"生产导向"向"消费导向"转变，发展模式由"拼资源、拼环境"的粗放式发展向"稳数量、提质量"的集约式发展转变，有力地推动了产业升级和结构调整。园区内粮食、蔬菜、花卉、林果、农产品加工等传统产业不断发展壮大，农产品物流、科技金融、电子商务等现代服务业加速成长，推动了农村一二三产融合发展。园区以展示现代农业技术、培训职业农民为主攻方向，加强农业先进技术组装集成，促进传统农业改造与升级。2015年，园区实现总产值1.2万亿元，培训农民374万人，带动当地农民170万人就业；全员劳动生产率14.25万元/人，比全国8.90万元/人高60.1%，各项创新指标明显优于全国平均水平。

（四）探索农业科技体制机制改革创新的重要载体。

按照加快转变政府职能与更好发挥市场作用相结合的要求，加强园区之间政策联动、投资结盟、信息共享、产业互动，进一步激发园区活力，形成了园区自我发展的长效机制，推动了园区产城产镇产村融合发展，推进了政府、市场、社会的协同创新，提升公共服务水平，推动金融资源更多向农村倾斜，为建设美丽宜居乡村，加快推进城乡二元结构破解做出新贡献。

二、形势与需求

当前，中国特色社会主义进入新时代，我国社会主要矛盾已经转化为人民日益增长的美好生活需要和不平衡不充分的发展之间的矛盾，我国经济也已由高速增长阶段转向高质量发展阶段。深化供给侧结构性改革，加快建设创新型国家，实施创新驱动发展战略和乡村振兴战略，有力推动了农业农村发展进入"方式转变、结构优化、动力转换"的新时期。园区发展既存在诸多有利条件和机遇，也面临不少困难和挑战，必须更加依靠科技进步实现创新驱动、内生发展。

（一）实施创新驱动发展战略为园区发展提供了新动源。

实施创新驱动发展战略，建设世界科技强国，是以习近平同志为核心的党中央在新的历史方位立足全局、面向未来做出的重大战略决策。习近平总书记指出,"实施创新驱动发展战略,必须紧紧抓住科技创新这个'牛鼻子',切实营造实施创新驱动发展战略的体制机制和良好环境,加快形成我国发展新动源。"当前,全球新一轮农业科技革命和产业变革蓄势待发,信息技术、生物技术、制造技术、新材料技术、新能源技术等广泛渗透到农业农村领域,带动了以绿色、智能、泛在为特征的群体性重大技术突破。深入推行科技特派员制度,创新创业进入活跃期,"大众创业、万众创新"深入人心,人才、知识、技术、资本等创新资源加速流动。园区要准确把握未来发展的阶段性特征和新的任务要求,以创新驱动发展战略为动源,打造科技先发优势,推动更多农业科技成果直接转化为新技术、新产品,形成新产业、新业态,培育新动能、新活力。

(二)推进供给侧结构性改革对园区发展提出了新要求。

推进农业供给侧结构性改革任重道远。一方面,农产品价格封顶、农业生产成本抬升、进口农产品冲击、农业资源过度利用与紧缺双重约束日益加剧;另一方面,农村土地流转加速,规模经营比例扩大,新型农业经营主体参与,支撑新型农业经营体系的需求更加迫切;尤其是在经济发展速度放缓的背景下,农民持续增收的压力变大。园区作为农业科技创新、技术应用和产业发展的示范样板,要加快推进农业供给侧结构性改革,把提高农产品的供给质量和效率作为主攻方向,推进农业农村现代化;要建立创新驱动现代农业发展的新模式,融合聚集科教、资本等资源,探索多种模式和途径,孵化、培育农业高新技术企业,提升农业产业整体竞争力,充分发挥科技在农业现代化建设进程中的支撑引领作用。

(三)打赢脱贫攻坚战为园区发展带来新机遇。

打赢脱贫攻坚战,全面建成小康社会,是中国共产党对全国人民的庄严承诺,也是中国政府对全世界的郑重宣告。当前我国进入全面建成小康社会决胜期，脱贫攻坚进入攻坚拔寨的冲刺阶段，园区要加强科技供给，发挥示范带动作用，服务于脱贫攻坚的主战场。要充分发挥园区产业集聚、平台载体、政策环境以及基础设施等方面的优势，加快先进适用科技成果的转化应用，培育创新创业主体，加强农民技能培训，推进创业式扶贫，以创业带动产业发展，以产业发展带动精准脱贫，增强贫困地区可持续发展的内生动力。

面对农业农村发展新时期以及供给侧结构性改革的新需求，农业科技园区建设在取得显著成绩的同时，也存在诸多需要进一步完善和亟待解决的新问题，主要表现在：一是引领示范现代农业发展的作用还未充分凸显，园区创新创业、成果转化水平仍需进一步提高，新产业和新业态的集聚效应不够，农业产业竞争力不强；二是区域布局有待进一步优化，园区发展不平衡，建设水平参差不齐，创新资源和要素流动不畅，同质化竞争严重，支撑区域发展显示度不高，东部地区的园区布局密度、发展水平明显高于中西部地区；三是资源整合力度有待加大，园区的组织领导和业务指导有待加强，园区缺乏支撑政策，特别是土地配套政策、金融贷款政策和社会投资政策，导致园区科教资源和创新型企业的集聚力度不强。因此，必须按照党中央国务院的战略部署，按照十九大提出的战略目标，牢牢把握战略机遇，乘势而上，推动园区发展迈上新台阶。

三、总体要求

（一）指导思想。

全面贯彻党的十九大精神，以习近平新时代中国特色社会主义思想为指导，统筹推进"五位一体"总体布局和协调推进"四个全面"战略布局，牢固树立和贯彻落实新发展理念，以实施创新驱动发展战略和乡村振兴战略为引领，以深入推进农业供给侧结构性改革为主线，以提高农业综合效益和竞争力为目标，以培育和壮大新型农业经营主体为抓手，着力促进园区向高端化、集聚化、融合化、绿色化方向发展，发展农业高新技术产业，提高农业产业竞争力，推动农业全面升级；着力促进产城产镇产村融合，统筹城乡发展，建设美丽乡村，推动农村全面进步；着力促进一二三产业融合，积极探索农民分享二三产业利益的机制，大幅度增加农民收入，推动农民全面发展。

（二）建设定位。

集聚创新资源，培育农业农村发展新动能，着力拓展农村创新创业、成果展示示范、成果转化推广和职业农民培训的功能。强化创新链，支撑产业链，激活人才链，提升价值链，分享利益链，努力推动园区成为农业创新驱动发展先行区、农业供给侧结构性改革试验区和农业高新技术产业集聚区，打造中国特色农业自主创新的示范区。

（三）基本原则。

1. 坚持创新引领。深入实施创新驱动发展战略，以科技创新为核心，大力强化农业高新技术应用，培育农业高新技术企业，发展农业高新技术产业，建设一批农业高新技术产业集聚的园区，统筹推进科技、管理、品牌、商业模式等领域全面创新。

2. 加强分类指导。根据各地区的资源禀赋与发展阶段，立足区域农业生态类型和产业布局，对园区进行分类建设和指导，促进区域特色优势产业集聚升级。

3. 强化示范带动。创新完善园区核心区、示范区、辐射区之间的技术扩散和联动机制，增强园区科技成果转移转化和辐射带动能力，提高农业生产的土地产出率、资源利用率和劳动生产率。

4. 发挥"两个作用"。更好地发挥政府的引导作用，集成科技、信息、资本、人才、政策等创新要素，加大对园区支持；更好地发挥市场在资源配置中的决定性作用，调动园区与高等院校、科研院所、企业、新型经营主体等各方面的积极性。

(四) 发展目标。

到 2020 年，构建以国家农业科技园区为引领，以省级农业科技园区为基础的层次分明、功能互补、特色鲜明、创新发展的农业科技园区体系。

——园区布局更加优化。国家级农业科技园区达到 300 个，带动省级园区发展到 3000 个，基本覆盖我国主要农业功能类型区和优势农产品产业带。

——园区成果转移转化能力不断增强。累计推广应用农业新技术 4000 项、新品种 6000 个以上，授权发明专利数在 1000 个以上。

——园区高新技术产业集聚度有较大提升。培育 20 个产值过 100 亿元、30 个产值过 50 亿的园区，3000 个农业高新技术企业，10000 个农业技术成果推广示范基地。

——园区大众创业万众创新成效显著。园区累计创建 500 个"星创天地"，创新创业活动持续涌现，创新创业氛围更加浓厚。

——园区精准脱贫带动能力大幅提升。累计培训农民 1000 万人次以上，带动周边农民收入增长 20%以上，推动园区成为科技扶贫、精准脱贫的重要载体。

到 2025 年，把园区建设成为农业科技成果培育与转移转化的创新高地，农业高新技术产业及其服务业集聚的核心载体，农村大众创业、万众创新的重要阵地，产城镇村融合发展与农村综合改革的示范典型。

四、重点任务

(一) 全面深化体制改革，积极探索机制创新。

以体制改革和机制创新为根本途径，在农业转方式、调结构、促改革等方面进行积极探索，推进农业转型升级，促进农业高新技术转移转化，提高土地产出率、资源利用率、劳动生产率。通过

"后补助"等方式支持农业科技创新,深入推进科研成果权益改革试点。加快落实农业科技成果转化收益、科技人员兼职取酬等制度规定。完善政策、金融、社会资本等多元投入机制,着力优化投入结构,创新使用方式,提升支农效能,通过创新驱动将小农生产引入现代农业发展的轨道。

(二)集聚优势科教资源,提升创新服务能力。

引导科技、信息、人才、资金等创新要素向园区高度集聚。吸引汇聚农业科研机构、高等学校等科教资源,在园区发展面向市场的新型农业技术研发、成果转化和产业孵化机构,建设农业科技成果转化中心、科技人员创业平台、高新技术产业孵化基地。支持园区企业和科研机构结合区域实际,自主承担或联合参与国家科研项目,开展特色优势产业关键共性技术研发和推广。吸引汇聚农业科研机构、高等学校等科教资源,搭建各类研发机构、测试检测中心、院士专家工作站、技术交易机构等重大功能型和科研公共服务平台,促进国际先进技术、原创技术的对接与转化。引导园区积极开展技术培训、创新创业、企业孵化、信息交流、投融资等一体化服务,加强先进实用技术集成示范,打造科技精准扶贫模式,发挥园区窗口效应和带动作用。

(三)培育科技创新主体,发展高新技术产业。

打造科技创业苗圃、企业孵化器、星创天地、现代农业产业科技创新中心等"双创"载体,培育一批技术水平高、成长潜力大的科技型企业,形成农业高新技术企业群。依托园区资源禀赋和产业基础,打造优势特色主导产业,实现标准化生产、区域化布局、品牌化经营和高值化发展,形成一批带动性强、特色鲜明的农业高新技术产业集群。发展"互联网+园区"等创新模式和新型业态,强化现代服务业与农业高新技术产业的融合发展。加强特色优势产业共性关键技术研发,增强创新能力和发展后劲。突出"高"、"新"

特征，强化高新技术在农业中的应用，使产业链向中高端延伸，形成现代农业发展和经济增长的新业态。

（四）优化创新创业环境，提高园区双创能力。

构建以政产学研用结合、科技金融、科技服务为主要内容的创新体系，提高创新效率。建设具有区域特点的农民培训基地，提升农民职业技能，优化农业从业者结构，培养适应现代农业发展需要的新农民。按照实施人才强国战略的要求，聚集一批农业领域战略科技人才、科技领军人才、青年科技人才和高水平创新团队，打造一支素质优良、结构合理的农业科技创新创业人才队伍。促进园区更加注重吸引、培养、使用、激励人才，更加注重发挥创新型企业家、专业技术人才在园区发展中的作用，营造集聚创新创业人才的生态环境。坚持高端人才引进与乡土人才培养并重，鼓励有条件的园区建立创业服务中心和科技孵化器。鼓励大学生、企业主、科技人员、留学归国人员自主创新创业，使各类"双创"主体成为推动农业创新发展的主力军。

（五）鼓励差异化发展，完善园区建设模式。

全面推进国家农业科技园区建设，引导园区依托科技优势，开展示范推广和产业创新，培育具有较强竞争力的特色产业集群。按照"一园区一主导产业"，打造具有品牌优势的农业高新技术产业集群，提高农业产业竞争力。建设区域农业科技创新中心和产业发展中心，形成区域优势主导产业，探索创新驱动现代农业发展的特色模式，形成可复制可推广的经验做法。

（六）建设美丽宜居乡村，推进园区融合发展。

走中国特色新型城镇化道路，探索"园城一体"、"园镇一体"、"园村一体"的城乡一体化发展新模式。整合园区基础设施、土地整治、农业综合开发、新型城镇化等各类资源，兼顾园区生产生活生态协调发展。强化资源节约、环境友好，确保产出高效、产品安全。推进农业资源高效利用、提高农业全要素生产率，发展循环生态农业，打造水体洁净、空气清新、土壤安全的绿色园区。依托园区绿水青山、田园风光、乡土文化等资源，促进农业与旅游休闲、教育文化、健康养生等产业深度融合，发展观光农业、体验农业、创意农业。打造"一园一品"、"一园一景"、"一园一韵"，建设宜业宜居宜游的美丽乡村和特色小镇，带动乡村振兴。

五、保障措施

（一）强化组织领导。

建立科技部牵头，联合农业部、水利部、林业局、中科院、中国农业银行等相关部门统筹协调，省级科技主管部门业务指导，园区所在市人民政府具体推进的工作联动机制，形成国家和地方共同支持园区创新发展的新模式，建立管理科学、运转高效、部门协同、部省联动的运行机制。适时调整园区协调指导小组成员单位，加强对园区的组织领导、顶层设计。各省级科技行政管理部门要成立园区工作领导小组，推进园区建设。各园区要设立管理委员会，落实必要的管理职权和专职人员，推进"放管服"改革，构建精干高效的管理体系。实施园区"建管分离、管评分离"的管理机制，发挥好各类创新战略联盟的作用，加强园区之间的培训交流、成果对接，为产业发展提供示范引领和服务支撑。加强园区智库建设，成立园区专家咨询委员会，建立区域性园区核心专家库制度。

（二）加大政策支持。

结合中央财政科技计划（基金、专项等）管理改革，通过技术创新引导专项（基金）、"三区"人才支持计划科技人员专项计划等，支持园区开展农业科技成果转化示范、创新创业。鼓励国家重点研发计划农业领域项目优先在园区研发试验、科技示范。科技部会同有关部门，探索制定园区土地、税收、金融以及鼓励科技人员创新创业的专项政策，赋予更大的改革试验权。创新科技金融政策，通过政府和社会资本合作（PPP）等模式，吸引社会资本向示范区倾斜，支持园区基础设施建设；鼓励社会资本在示范区投资组建村镇银行等农村金融机构。创新信贷投放方式，鼓励政策性、商业性金融机构在业务范围内为符合条件的示范区建设项目提供信贷支持。各园区所在地人民政府结合本地情况，制定符合当地实际且操作性强的支持园区发展相关政策。各级科技行政管理部门要加大涉农科技计划项目与园区建设的资源整合。对园区创新驱动发展涌现出的新典型、新模式、新机制，及时总结推广，加大对先进单位和个人的表彰力度。

（三）加强协同发展。

进一步转变政府职能、提高服务效能，在投融资、技术创新、成果转化、人才管理以及土地流转等方面进行探索创新，推进园区协同创新。建立园区统一的信息平台、交易平台、成果平台、专家平台，实现园区资源整合和互联互通。引导各地园区建立区域联盟主导产业联盟，开展技术、成果、市场、信息共享，推动园区产业发展。国家级农业科技园区在推进农业科技成果转化、农业新兴产业培育、现代农业管理模式创新方面发挥示范作用。省级农业科技园区要因地制宜，突出区域优势，针对区域农业发展瓶颈，开展联合攻关，解决制约区域农业发展的重大问题。进一步加快农业科技成果转化，加强职业农民培训，推进科技扶贫精准脱贫。可结合实际成立园区投资管理公司或园区服务公司，作为园区工程建设、科技研发与企业服务的执行机构，推进园区建设发展。

（四）开展监测评价。

落实国家创新调查制度，加强园区创新能力监测评价研究，更加注重经济发展质量和效益，突出对园区科技创新、产业发展、企业培育、辐射带动、脱贫攻坚等方面的考核和评价。建立园区年度创新能力监测与评价制度和工作体系，组织开展园区年度创新能力监测与评价，根据评价结果和区域发展需求进行针对性指导，在对园区评价监测基础上，采取后补助机制及政府购买服务等形式，重点支持科技创新能力提升和高新技术成果转化应用。强化园区动态管理，建立淘汰退出机制，对已经验收的园区定期进行评估，优先支持成绩优秀的园区。对评估不达标的园区责令限期整改，整改后仍不达标的取消国家农业科技园区资格。